幼儿教师教育丛书

全脑型
幼师体育教学模式

主编：文岩

首都师范大学出版社

图书在版编目（CIP）数据

全脑型幼师体育教学模式 ／ 文岩主编．—北京 ：
首都师范大学出版社，2010.9 (2014.02重印)
（幼儿教师教育丛书）
ISBN 978-7-5656-0153-8

Ⅰ．①全… Ⅱ．①文… Ⅲ．①体育－幼教人员－师资
培训－教学参考资料 Ⅳ．①G807.4

中国版本图书馆CIP数据核字(2010)第188323号

幼儿教师教育丛书
QUANNAOXING YOUSHI TIYU JIAOXUE MOSHI
全脑型幼师体育教学模式
主　编　文　岩

项目统筹　张慧芳　　　　　　责任编辑　来晓宇
责任校对　李佳艺　　　　　　责任印制　何景贤

首都师范大学出版社出版发行
地　　址　北京西三环北路 105 号
邮　　编　100048
电　　话　010-68418523（总编室）　010-68982468（发行部）
网　　址　www.cnupn.com.cn
北京嘉实印刷有限公司印刷
全国新华书店发行
版　　次　2010 年 11 月第 1 版
印　　次　2014 年 2 月第 2 次印刷
开　　本　880mm×1 230mm　　1/16
印　　张　14.75
字　　数　280 千
定　　价　29.00元

本书编委会

主　编：文　岩

副主编：周梅林　李晓铭

编　委：文　岩　李晓铭　张亦平　郭亚新　张首文　谷长伟　李秀英
　　　　辛云飞　王　颖　丁珊珊　任　岩　李　文　陈　博　薛丽丽
　　　　杨　丹　刘宇婷

示范生：王小娟　单　楠　程　娜　王琳珊　张　媛　刘　佳

丛书前言

随着我国教育事业的迅速发展，学前教育改革不断深化，社会对幼儿园师资专业水平也提出了更高的要求。百年育人，始于幼学。教育大计，教师为本。新时期的幼儿教师在掌握了现代教育理论同时，也必须具备很强的专业素质。为了适应幼儿教育改革的需要，向广大幼儿教师提供新的幼儿教育的理念和方法，我们依据《国家中长期教育改革和发展规划纲要》(2010-2020年)以及《幼儿园教育指导纲要(试行)》精神，组织专家、幼儿师范的教师以及其他教育研究人员，编写了这套《幼儿教师教育丛书》。

本套丛书在编写过程中，坚持继承与创新的统一，坚持理论阐述与实践方法的统一，以实践能力培养为主线，不仅吸收了一些学前教育研究的最新成果，融入了我们多年来教育教学研究的新认识，而且还吸纳了广大幼儿园教师的优秀教育实践经验和理论研究成果，因此，本套丛书不仅具有时代性，同时还突出了实践性的特点；不仅具有指导性，还拓宽了丛书的适用范围。

本套丛书可作为幼儿教师在职培训教材，幼儿园教师自学进修教材；也可作为高专学前教育专业和幼师学生的参考书，幼儿家长的参考书。

幼儿教师教育丛书编委会

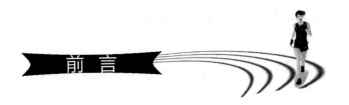

　　北京市幼儿师范学校作为幼儿教师的培训基地，由文岩老师负责申请的全国教育科学"十五"规划重点课题"全脑型体育教学模式"的理论与实践研究子课题"全脑型幼师体育教学模式"实践与研究，并编写了这套《全脑型幼师体育教学模式》教材。这套教材是根据脑科学的发展和幼师生的身心特点，并紧密联系了现代幼儿教育的需要所创编的一套具有时代特征和适应现代幼儿教育的教材。

　　这套教材具有以下特点：

　　一、本研究课题紧跟脑科学发展的总体趋势、依据人体两侧肢体和大脑之间控制与被控制的关系，根据问卷调查结果中显示的98%的学生日常生活中习惯用右手这一事实。我们通过研究以左手、左脚活动为主，双侧肢体协同配合活动为辅，以身体素质的训练、体育游戏、健美操内容，采取多种方法和手段，来激发学生参与左侧肢体和双侧肢体活动的兴趣与积极性，有意识、有针对性地对学生进行左侧肢体灵活性、协调性和控制能力的训练，来刺激右脑、开发右脑，最终使左右脑协同发挥作用，将学生培养成为全脑型幼儿教师。

　　二、众所周知，智力的开发需要从婴幼儿时期抓起，而幼儿教师的智力开发、组织幼儿教育活动能力的培养则将直接影响到幼儿智力的开发与发展。因此，开展对幼儿教师全脑型的开发与训练便成为全面开发幼儿大脑潜能的基础，是引导和培养幼儿智力开发的关键。

　　三、在教材中，我们通过三项不同的教学内容，针对学生的特点、幼儿的身心特点以及幼儿园的实际，介绍了一些教学方法、教学重点、教学提示及评价标准，本书还穿插了一些有关大脑功能方面的小知识，这些知识将会在学生今后所从事的幼教工作过程中，在指导幼儿开展"全脑型"体育活动之时，发挥重要的作用。

　　四、三年来我们对学生进行了四大项15类指标的跟踪测试，并进行了三年文化课成绩的对比，结果表明：实验班的各项指标全部优于对照班。这三年来对学生所进行的各种科学实验充分证明了这套全新的"全脑型幼师体育教学模式"是具有一定的参考价值，是行之有效的。因此，本书可以说是幼师学生的良师益友，它不仅可以使幼师学生开发自身的运动潜能和智力潜能，而且还可以帮助幼师学生掌握多种多样的用于开发右脑的练习方法和手段。

本书适用于幼儿师范学校的学生、从事幼儿学前教育者、中小学体育教师使用。也是广大家长的一本很好的参考书。

在编写这本教材的过程中，我们得到了北京幼师各级领导的关怀和支持，得到了相关幼儿园的支持和帮助，同时也得到首师大出版社张慧芳编辑的协助。在这里我们全体编者表示真诚地感谢！

由于时间仓促和编者水平有限，书中难免有不妥之处，恳请批评指正。

编者

2010月7月

目 录

✳ **第一章　人体大脑的概述**

第一节　大脑的功能…………………………………001

第二节　幼儿大脑的生理特点………………………005

第三节　幼师生大脑生理特点………………………007

第四节　全脑型幼师体育教学模式对学生全脑

　　　　开发的功能…………………………………009

✳ **第二章　全脑型幼师学生体育模式实践内容**

第一节　全脑型身体素质教学模式内容介绍…………014

第二节　全脑型体育游戏教材内容…………………037

第三节　全脑型幼师健美操教学模式内容介绍………062

第四节　全脑型幼儿系列活动指导模式……………176

✳ **第三章　全脑型体育教学模式在幼儿园的教学实例**

第一节　运动类游戏…………………………………202

第二节　认知类游戏…………………………………212

第三节　生活类游戏…………………………………219

第一章 人体大脑的概述

第一节 大脑的功能

　　自从16世纪笛卡儿提出"心是一个，大脑为何是两个"这一问题以来，世界各国专家对大脑的研究始终没有停止过，并不断地提出了许多的理论和假说。对于大脑最早的研究见于解剖生理学和神经生理学领域。其结果表明，人的大脑左右两半球成镜面对称，通过由大约两亿条神经纤维组成的胼胝体进行频繁的信息交换。左右两部分神经呈交叉状，大脑左右两半各将相反一侧半身置于自己的管辖之下，躯体和四肢运动是由对侧大脑半球的运动中枢指挥的。

　　虽然我们对大脑的生理构造情况已经有了较为清楚的认识，但是我们依然不能解释人脑为什么要分为两个半球，它们各自的功能又有何不同？对于诸如此类疑问的解答不断地推动着脑科学的研究进展。1836年，医生戴克思发表了丧失语言是由于左大脑半球而非右大脑半球受到破坏所造成的报告。十分可惜的是这一观察结果在当时并没有引起人们的广泛重视。直到25年之后的1861年，一位杰出的法国医生布罗卡才又做了相同的观察。他对一个能听懂他人说话、口咽肌肉不瘫痪，而自己不能讲话的病人进行了遗体解剖。他在检查这个病人的大脑时，发现其大脑左半球有一处损伤。由此，布罗卡提出假设，大脑左半球额下回部是与言语生成有关的大脑皮层的一个专门区域；该区域的损伤会导致患者发音断断续续，或者虽然能说出话来，但不能组成有一定内容意义的言语。1874年，德国生理学家维尔尼克发现，大脑皮层的另一个区域（在左半球颞叶后部）控制着言语的接受和理解。这个区域受损的患者，无法理解别人所说的话，甚至完全不能分辨语音。上述两个皮层区域，被后人分别命名为布罗卡区和维尔尼克区。

虽然人们取得了这些成绩，但是人们仍然不清楚大脑两半球在功能上究竟有何不同。之所以这样，是因为人们无法打开活的人脑来直接进行研究。比如在日常生活中，我们常会发现，左脑受伤比右脑受伤出现的病状严重。如脑溢血患者，在其左脑出血时较之右脑出血时更易表现出丧失言语能力和神志模糊。后来，在这个领域作出突出贡献的是美国神经生理学家斯佩里博士和他的两个学生。20世纪50年代，美国加利福尼亚技术研究院斯佩里博士和他的学生龙·迈尔斯开始在动物身上进行裂脑实验研究，当他们切断猫和猴子脑的两半球之间的全部联系时，吃惊地发现这些动物仍然很正常；更令人兴奋的是，他们发现可以训练两个脑半球以相反的方式去完成同一任务。1962年，在美国洛杉矶的一家医院里，一位48岁的老兵患了严重的癫痫抽搐。癫痫抽搐是由于脑瘤、脑损伤等原因引起的，使人难以承受，甚至丧失知觉昏厥过去。当这位老兵还没有从一次发作中恢复过来时，往往又一次抽搐便已经来临。所有的治疗方法都用过了，在无计可施的情况下，医生约瑟夫·博根和沃格尔进行了大胆的手术尝试，即：切断大脑两半球的联系。由于癫痫抽搐正是通过这种连接反应扩散到整个大脑的，所以在医生切断了这位老兵的胼胝体后，剧烈的抽搐奇迹般地消失了。用这种方法随后又在数十个久治不愈的病人身上进行同样的治疗，结果不仅减轻了抽搐症状，有的人甚至完全被治愈了。这对于多年来一直对裂脑动物进行不懈研究的斯佩里博士来说，突然遇到了这么多的裂脑人，实在是一个千载难逢的好机会。于是，他和他的学生开始对裂脑人进行了一系列的观察研究，设计了许多巧妙的实验。他们发现从大脑两半球延伸出来的神经系统，在视神经处交叉，然后与相反方向的神经互相连接。所以，右眼看到的东西传导至左脑，而左眼看到的东西却传导至右脑。不过在一般情况下，由于有沟通左右脑的胼胝体起着传递信息的作用，所以左右眼看到的东西并无差别。但是一旦切断胼胝体，断绝了左右脑之间的联系，右眼看到的东西就只能传至左脑，而左眼看到的东西只能传至右脑，然而左右脑之间却没有了信息传递。

由于斯佩里博士想到这一点，他对裂脑人进行了如下的实验：他在患者面前立起了一道屏障，将左、右眼分隔开来，分别将不同的物体和图画出示于左右眼的视

左右脑的功能

左半脑
"理性的脑"
说　话
阅　读
书　写
分　析
抽　象
理　论
推　理
判　断
计算能力
语言记忆

右半脑
"感性的脑"
知　觉
综　合
图　形
知觉思维
理解整体
空间知觉
视觉记忆
想象能力
艺术能力
扩散思维

野内，如向裂脑人左眼视野出示一个橘子后，向患者提问：这是什么？实验得出：患者左眼看到的信息输入右脑，右脑立即判断出那是一个橘子。但由于没有信息输入左脑，因此左脑不知道看到了橘子。

在正常人的视野中，双眼通过视神经与另一侧脑半球交叉相连接。如果一个人两眼盯着某个点，则右半球只能看到左边的物体，而左半球将只看到右边的物体。在正常情况下，左半球与右半球通过胼胝体来交流彼此的视觉信息。但是对于裂脑病人来说，视觉是左右独立的。

根据同样的原理，裂脑人差不多都无法照原样画出在右眼视野范围内出示的一些简单的图形和画片。造成这种情况的原因是，传入左脑的信息输送不到右脑，而判断图形的是右脑。因此裂脑人陷入了全然无知的境地。斯佩里等人对裂脑人所进行的一系列实验研究，进一步揭示了大脑两半球功能的不对称性和大脑右半球的许多高级功能。为此斯佩里获得了1981年诺贝尔医学—生理学奖。实验研究发现了人脑左右半球具有两个相对独立的意识活动。他们发现大脑每一半球都有其自己独立的意识思想链和自己的记忆。更重要的是，他们发现大脑两半球基本上是以不同的方式思维的，左脑倾向于用词语进行思维，右脑则倾向于以感觉形象直接思维。归结起来，左脑支配右半身的神经和感觉，是理解语言的中枢，主要完成语言、逻辑、分析、代数的思考认识和行为，它进行有条不紊的条理化思维，即逻辑思维。右脑支配左半身的神经和感觉，是没有语言中枢的哑脑。但有接受音乐的中枢，主要具有认识的能力，包括图形认识、空间认识、绘画认识、形象认识等能力，是形象思维。

右脑在创造性工作中具有不可替代的作用，但必须经过言语的描述和逻辑的检验才具有价值。左右脑的这种协同关系是创造力的真正基础。

我们开发右脑，进行右脑革命，并不是要以右脑思维代替左脑思维，而是要更好地将两者结合起来，进行人类左右脑的第二次协调，充分调动起人脑的潜能，培养全脑型人才。

KNOWLEDGE 知识窗 WINDOW

中央电视台每天晚上黄金时间有一个《科学博览》的节目，其中播放了一部叫《人的大脑》的科普片，片中介绍：如果一个人孜孜不倦，每天24小时都吸收知识和信息，一生他的大脑所储藏的知识信息可以是国家图书馆馆藏图书的25倍。一个经常动脑、勤于思考的人，其使用的脑细胞仅为大脑细胞的1%，可见人大脑的容量也堪称一个"小宇宙"。

同样人的记忆容量也大得惊人，如果将人脑记忆容量换算成比特，那么，一个人的大脑每秒钟能接受10亿比特的信息，即使假设99%被遗忘，只记住1%，人的一生能记忆的信息是10的16次方。即1京比特（注：1京是100亿的100万倍，也就是说，人脑记忆容量高于计算机100万倍）。如果不早日开发我们自身的大脑的潜能，我们就有愧于上苍对人类的恩赐！

因此，我们一定要重视大脑潜能的早期开发，并通过一些体育活动有针对性地对全脑进行锻炼，从而实现大脑的全面健康发展。

第二节 幼儿大脑的生理特点

　　脑科学研究表明，学龄前儿童脑的结构、神经系统发展迅速。婴儿出生时大脑约重350克，1岁时约为700克，3岁儿童大脑的重量可达1,000克左右，4—6岁时就可达到1,280克，已接近成人的脑重量（1,480克）。这时神经纤维在继续增长，髓鞘化基本完成，整个大脑皮质达到相当成熟的程度，脑的结构也已基本成熟。但大脑的细胞还在发育，因此这一时期幼儿大脑活动程度是成人的两倍。此时，儿童第一信号系统占主导地位，主要靠直观形象思维建立条件反射，大脑皮质神经过程的兴奋和抑制不均衡，兴奋占优势，易扩散。特点是：注意力不易集中、活泼好动、做动作时易出现多余的动作或不协调、不准确，他们建立条件反射快、消退也快。但与此同时相对成年人来说，他们重新恢复也较快。

　　随着脑神经的成熟，虽然他们的思维还是以具体形象思维为主，但是已开始出现抽象逻辑思维的萌芽。在认识事物方面，他们不仅能感知事物的特点，而且能够进行初步的归纳和推理。这个时期是幼儿思维最为敏捷的时期，也是智力开发的最佳时期。目前各项研究成果均表明：婴幼儿时期是大脑智力开发最为宝贵的时期。此时应运用多种方法来对幼儿进行早期大脑各项主要功能潜能的开发，让幼儿在与人交往的活动之中、在形式多样的游戏中、在五彩缤纷的色彩中、在物体的千变万化之中、在形态各异的肢体活动之中，运用视觉、听觉、触觉等感觉器官去感知外部世界，积累视觉、听觉、触觉的表象，这样既发展了形象思维，又有利于造就左右脑并用。

　　实践证明，如能在这个时期对婴幼儿的大脑潜能进行充分地开发，使左右脑协调发展，功能得到整合，对他们未来智力的全面开发，将起到不可估量的作用。同时也只有早期开发出大脑的主要功能，日后才可能分化发展出更多、更复杂的大脑功能。这一点，我们从一些重新回归人类社会的"狼孩"、"熊孩"等报道中也不难看出。因为他们丧失了对于大脑智力开发的最为宝贵的时期，所以他们很难达到正常人的思维水平。

　　婴幼儿时期对外界的感受方式是以直觉感受和情感感受为主，即从幼儿教育生理、心理学角度讲，婴幼儿的形象思维能力和接受能力大大强于逻辑思维。因此幼儿教师在教育幼儿过程中，应尽最大可能去利用形象化手段来提高孩子的学习兴趣，而形象手段的最大来源就是艺术，对于幼儿来说艺术中最吸引他们的莫过于听觉艺术（音乐）、视觉艺术（美术）和肢体艺术（体育和舞蹈）。

✧ 幼儿学习艺体的最佳时间

- **学习小提琴：**

  一般5—6岁幼儿来说较适当。

- **学钢琴：**

  一般4—5岁学习比较适宜。

- **学绘画：**

  由于孩子2—3岁开始对形状、颜色产生兴趣，因此，从2岁半到3岁开始，最为适宜。

- **学戏剧：**

  从3岁到成年，只要有志于演戏，任何时候都可以说是"适龄期"。

- **学围棋、象棋：**

  围棋和象棋开始的适龄期是3—4岁，只要孩子能区分棋子的黑和白，可以了解棋上的文字即可。

- **学书法：**

  学习书法，年龄不宜太小，学龄儿童从三年级开始学习，较为合适。

- **学游泳：**

  想要"让孩子学游泳"或孩子"自己想要学游泳"时，就是学游泳的适龄期。

- **学体操：**

  越早开始学体操越有完成高难度技巧的可能性，一般来说3岁开始较为适当。

- **学溜冰：**

  4—6岁是开始学习溜冰的适龄期。

- **学古典舞：**

  学习古典舞蹈的适龄期是4—5岁。

- **学乒乓球：**

  如果3岁的幼儿能学会玩丢球、接球的动作，就能打乒乓球了。

✦ 幼儿能力发展特点

- **10个月前**

  视觉追踪。

- **10—30个月**

  知觉探求。可进行声音交往，具有对物体意义的接触和知觉辨别力。

- **30—50个月**

  可分辨物体的关系、形状，具有记忆和言语知识。

- **50—70个月**

  具有较丰富的言语知识与词汇、能分辨较复杂的空间关系。

第三节 幼师生大脑生理特点

幼师学生年龄一般在15—17岁之间，属于青少年期。从生物学意义上来讲，脑的重量已接近成人。脑细胞的质量和脑机能水平已经显著提高，趋于成熟。神经系统的兴奋与抑制逐步协调一致，神经过程的灵活性得到提高，分化能力明显提高。随着知识和实践经验的丰富，神经元的联系更加复杂，大脑皮层活动的数量急剧增加，尤其是联系神经的IB纤维活动数量大增。此外，根据巴甫洛夫关于第一和第二信号系统相互作用的学说，第二信号系统活动逐步占有优势，抽象思维能力不断提高。第一、第二信号系统的相互关系更加协调和完善，分析综合能力显著得到发展，左半球的语言系统的调节能力迅速增强。然而，大脑发达的标志并不是以重量多少来衡量的，而是表现在大脑皮质面积的增加和皮质各层的高度分化和严密构筑上，而大脑皮质是人类高级神经活动的物质基础。

在现实生活中，有一种非常奇怪的普遍现象，那就是95%以上的人仅仅使用自己大脑的一半，即左脑。这主要是由于两方面原因造成的：一方面是由于人体的自然属性，人主要通过右手使用各种工具，使得左脑每天都受到不同程度的刺激，加上语言中枢、逻辑分析、数字处理、记忆等，都由左脑来处理的，所以造成大脑左半球的满负荷运作。另一方面是由于传统应试教育和"填鸭式"死记硬背的学习方法加重了左脑的负担，以及缺少非语言思维能力的教育，加之许多学校不重视音、体、美的教育，因此主要培养了学生的记忆能力，而不是培养学生的思维能力。随着教育纵向层次的提升，"右脑力"的培养呈递减趋势。当受教育者获得高学位之时，学生的"右脑力"几乎全部给"教育掉了"。传统教育只培养了一大批循规蹈矩，但缺乏应变能力、创造力的左脑型人群。这些人的突出特点是理智而非想象，富于常识而拙于幻想，擅长素描而色彩贫乏。但是，随着市场竞争愈加激烈，市场需要的是大量的创新型人才，而创新是由右脑负责的，从而使缺乏创新性的人的生存空间变得越来越狭窄。

如何尽快开发出长期被忽视的左侧肢体的功能以及相关的右脑功能、探索开发青少年运动潜能和智力潜能的新途径，就成为摆在我们面前的一个重要任务。所以应鼓励学生多参加体育运动，特别是具有开发右脑潜能的各种体育活动。以利于增强学生体质、增加学生大脑皮质的厚度，从而为学习提供充沛的精力、体力，为智力发展、为培养学生的创新能力奠定良好的基础。与此同时也可以培养学生的分析能力与综合能力，促进学生的第二信号系统发展，提高学生神经系统的灵活性与稳定性，从而加强自我调节和自我控制的能力。

KNOWLEDGE
知识窗
WINDOW

1. 体育运动能促进大脑的全面发育。

2. 体育运动能使大脑的供氧量更加充分。

3. 体育运动使大脑能获得更多的营养物质，提高学习效率。

4. 体育运动能提高脑细胞的反应速度，有助于智力的发展。

5. 体育运动能增强脑体内的核糖核酸，这不仅有助于短期记忆力的提高，也有助于长期记忆力的提高。

第四节 全脑型幼师体育教学模式 对学生全脑开发的功能

　　根据脑科学发展的总体趋势，依据全脑型教育的理论与方法，开展"全脑型幼师体育教学模式"探讨，将对有效地开发学生运动潜能和智力潜能有着极其重要的意义。

　　全脑型幼师体育教学模式可以直接开发学生的智力。人的大脑分为左右两个半脑。两个半脑的大脑皮质由灰质组成，它是人类行为的最高调节器和记忆的存储器。左脑是主管抽象思维的中枢，支配着右侧身体的活动，侧重语言、文字、数字、符号等的理解与记忆，进行逻辑推理、分析思考等。而右脑是形象思维中枢，控制着左侧身体活动，侧重技能、技巧的记忆，进行创造等机能。在进行思维和记忆时，左右脑协调配合一起工作，维持大脑正常运转。我们在思考时，左右脑必须协调配合一起工作，大量事实和科学研究发现，一个人在单纯侧重大脑的一个"半脑"时，会或多或少地使另一"半脑"表现出"无能"。长期以来，人们总认为左脑是优势脑，而忽视了右脑的作用。事实上，右脑机体接受的信息量大，此信息对其刺激所持续的时间比左脑长，遗憾的是我们过去对右脑开发得很不够。科学研究还表明人的大脑尚有95%的潜力未能得到开发利用，而这95%的潜力，大部分存在于大脑的右半球。如果两个半脑能相互积极配合，大脑总能力的效率就会得到充分的发掘和开发。因此对学生来说，智力的开发，在很大程度上在于大脑右半球的培育与提高。所以，加强左侧肢体的运动，以左手、左脚的活动为切入点，均衡地发展双侧肢体的运动技能，可促进右脑机能的发展，从而使右脑的潜在智力得到开发。但仅单独偏重左脑的教育，是无法开发全脑功能的。全脑型人才必须经过左右脑的平衡训练，使左右脑的机能得到均衡发展。这就是全脑型幼师体育教学模式促进智力开发的基本原理。

　　有一个报社曾经对一个大学体育系的五十位学生进行了一项"你是右脑型人还是左脑型人"的问卷调查，结果发现一位左脑型人、二十位右脑型人、其余二十九人属于平衡型人。这在某种程度上说明运动员以右脑型人居多，可仅据此还是无法判断是右脑型人喜欢运动，还是进行运动可以锻炼右脑。但是原本运动反射神经就是由右脑掌管的机能，所以从理论上来说，做运动时可以使右脑受到刺激并得到锻炼。

我们根据这一原理创编出一套全新的《全脑型幼师体育教学模式》教材，并创新了多种具有开发右脑潜能，行之有效的训练方法。

一、全脑型智能性徒手身体训练法

根据大脑的机能定位理论，人的手、足等器官的每一块肌肉，都在大脑皮层的相应的"驻足点"。手、足等器官上的肌肉活动越多、越精细、越能激发各对应点，扩大"点"在大脑皮层中的面积，开发大脑的潜力，发展人的智能。因此，我们设计了内容丰富多样的徒手身体训练法。把日常生活中学生熟练的各种活动组合起来，采用智能性训练手段：

1.有意识地使用左手、左脚，按照不同的运动轨迹和方位，做相向、反向、交叉运动的身体练习，来刺激学生的右脑，开发学生的右脑潜能。

2.通过左右侧肢体协调配合的徒手练习，来刺激大脑，从而培养全脑型人才。在学习过程中，要做到动作认真，除了在课堂上积极练习外，课下也要加强练习。正确练习的次数和刺激大脑的效果成正比。并应以左手、左脚的动作为主，右手、右脚的动作为辅。同时，左右侧肢体相互配合做练习时，也应有意识地注意左肢的动作。

二、全脑型持轻器械身体训练法

根据现有条件，通过手持小网球、体操棒、跳绳等轻器械身体训练，来增加一些难度，提高学生练习的兴趣。在持器械进行动作的练习中，使学生关节的柔韧性、灵活性、手眼协调性及各器官系统的协同活动得到协调发展，对提高学生肌肉控制器械的能力起到促进作用。有目的地利用器械、通过左手、左脚、协调配合及双侧肢体的交叉练习，来刺激右脑，开发右脑潜能，使头脑中反复进行右—左—右—左的脑内交叉作业来刺激大脑活性化。练习时应采用由简到难、循序渐进的原则，开始先注重过程，不要求质量，基本掌握方法后，再求质量。这项实验，深受学生欢迎，练习效果也十分明显。

三、全脑型折纸、绘画、编绳技巧

根据右脑具有图形认识、空间认识、绘画认识、形象认识的能力，以折纸、绘画、编绳等技巧为基础，创立多种技能技巧练习。由于手和手指的运动在脑运动领域中所占的比例比较大，所以在进行这类活动时，虽然运动量很小，但对于包括右脑在内的脑部刺激却相当大。通过用手折纸、绘画、编绳，不仅拓展了学生的空间认识力、右脑的想象力，绘画的感觉也有所提高，还使手指的运动神经得到了锻炼。因此，折纸、绘画、编绳对右脑的锻炼有着非常积极的意义。

四、全脑型球类身体训练法

人体两个半身是由成千上万根神经组成的神经网连接起来的。被人们称为"神经冲动"的现象，必然受到这个神经网的支配。球类运动是全身都能得到锻炼的项目。特别是对球的形状、轻重、弹性、空间运动的速度和方向的变化均已达到极为精细分化的程度，是在群众中开展最广泛的体育项目。我们采用几种简单、多样、适合幼师生特点和幼师生所喜爱的球类项目为练习项目，教材中所举例子，仅作为引导，给学生留下了充分的创新空间。鉴于学生平时右手活动多，故在身体训练中主要采用左手、左脚来进行运动，重点刺激右脑，以开发右脑潜能，提高大脑神经系统的功能，促进机体对环境的适应能力，最终左、右侧肢体技能达到同步水平，两手、两脚能够运用自如。

五、全脑型幼师体育游戏活动

在对思维科学有关问题进行系统研究的基础上，进一步对右脑的形象思维与全脑型体育游戏活动进行确立，使学生在交往游戏活动观察中，运用视觉、听觉、触觉等感觉器官感知出外部世界，积累视觉、听觉、触觉的表象，发展形象思维。

全脑型体育游戏活动主要特点是在先强化左侧肢体（弱侧肢体）的前提下，逐步缩小与右侧肢体运动能力的差异，最终提高左右侧肢体运动技能，以促进左右脑的均衡发展，更好地发展和提高学生的综合创新能力。

书中采用和创编了一些侧重左侧肢体（弱侧肢体）的各种形式，包括轻器械在内的游戏，在游戏过程中多次激发右脑，提高左侧肢体的活动能力，并在教师的引导下，发挥学生的创新能力，充分展示和表现游戏当中的角色，并进行相互间的评价。

六、全脑型幼师健美操训练

根据大脑控制人体两侧肢体活动的生理机制，身体两侧肢体活动与脑神经系统的发育相对应，尤其是大脑皮层复杂功能的发育所产生的交互作用，创编了全脑型幼师健美操教学模式。目的是充分利用健美操成套动作的多变性。其多变性首先表现在每节操很少是单关节的局部活动，大多是多关节的同步运动；其次表现在动作的

节奏和力度上；是在成套健美操中，不仅有对称性动作，而且还有许多非对称的依次完成的动作等特点。开创全脑型幼师健美操教学训练，这种活动中渗透式教育拓展了学生的思维，培养了坚持全脑活动的意识。

通过全脑型健美操的基础知识、基本动作、组合动作、成套动作以及球和扇子操的学习和操练，重点开发右脑的思维与想象，强化左侧肢体的动作能力。在此基础上，发挥学生的全脑功能，并结合幼儿教育的特点，创新出适合幼师生所进行的全脑型的各类健身健美操，为将来他们所进行的职业和培养全脑型的人才奠定基础。

第二章　全脑型幼师学生体育模式实践内容

北京市幼儿师范学校"全脑型幼师体育教学模式教材"的内容，是根据幼师学生的身心特点和现代幼儿教育发展的需要，所创编出的一套具有时代特征、科学性强、针对性强、实用性强以及适合现代幼儿教育需要的创新教材。大家都知道智力的发展要从婴幼儿时期抓起，而幼儿教师的智力开发、教育活动的能力则直接影响着幼儿智力的开发与发展。幼儿教师全脑型的开发是教好幼儿、全面发展幼儿智能的基础，因此，培养幼儿教师全脑型的发展是引导和培养幼儿智力开发的关键。北京市幼儿师范学校"全脑型幼师体育教学模式教材"的研究，是从对学生身体素质、体育游戏、健美操三个方面的研究出发，通过对幼师学生三年的科学实验，证明了这些教材是有明显的教学实验效果的。这些学生在幼儿教育实习的过程中，通过自己所掌握的科学实验内容，进行再创造，进而创编出新的适合不同年龄的幼儿智力发展教育教学活动的内容，幼儿不仅对活动的内容产生了极大的兴趣，同时还丰富了幼儿的想象力。幼儿在活动过程中不仅能积极地提出问题，并且自愿地同伙伴们一起研究和探讨问题，有时还能与老师进行简单的交流、评价与合作，这为他们今后的学习、生活、合作及健康的成长奠定了基础。

虽然全身运动对增强右脑的活性有益，但不等于随意运动就可以达到目的。因为不同的方法会对右脑起到不同的影响和作用。因此，仅仅掌握几种左手、左脚的技能，是不可能全面地开发右脑的。要想取得良好的训练效果，就需要根据学生的生理和心理特点，采用多种练习内容、方法与手段，有意识、有针对性地对学生进行左侧肢体的灵活性、协调性和控制能力的训练，激发学生主动参与左侧肢体运动训练的兴趣，培养学生运用左侧肢体的能力，不断对右脑产生良性刺激，从而使右脑更加活性化，最终达到全脑型发展的目的。

第一节 全脑型身体素质教学模式内容介绍

全脑型身体素质教学模式包括徒手和轻器械两种，徒手的内容有左侧肢体的单一练习、有左右侧肢体同时进行，和内容动作有变化的练习，如：左侧肢体是一种动作轨迹而右侧肢体又是一种不同的动作轨迹，还有一些模仿性的动作练习。轻器械练习的内容有棍棒、绳、网球等，通过这些不同的轻器械进行有针对性的、有方法、有手段、坚持不懈的练习，就会收到良好的预期教学效果，达到对左侧肢体的锻炼和全脑的开发与发展。

一、徒手练习的目的与内容

教学目的

1. 让学生了解全脑型身体素质练习的内容、目的、方法及意义，让学生做好身体与心理上的准备。

2. 培养学生有意识地使用左手、左脚，按照不同的路线和方位进行身体练习的能力，并能初步地刺激学生的右脑、开发右脑的潜能。

3. 通过左右侧肢体相互协调配合各种内容的练习，刺激学生的大脑，培养学生记忆和协调自如练习的能力，从而达到全脑型发展。

徒手练习提示

1．要认真做动作，除课堂上积极练习外，还要在课外多进行练习，因为正确练习的次数与大脑所受的刺激成正比。

2．练习时要以左手、左脚的活动为主，以右手、右脚和左右交替的活动为辅，交替进行。

3．左右侧肢体相互配合做练习时，也应注意左侧肢体的动作。

4．练习时，先要进行分解动作的练习，然后再进行完整内容的练习。

教学内容

◆ 练习内容1 用左手、左脚画"十"字练习

● 练习方法：

身体直立，左手、左脚同时在体前写"十"字。

● 要求：

1．先慢后快。

2．15秒一组，做4组。

◆ 练习内容2 用左手、左脚画"田"字练习

● 练习方法：

身体直立，左手、左脚同时在体前写"田"字。

● 要求：

1．按比画顺序写。

2．15秒一组，做4组。

◆ 练习内容3 左、右手画"正方形、圆形"练习

● 练习方法：

身体直立，左手在体前画正方形，右手在体前画圆圈，两脚原地踏步。

● 要求：

1．正方形要方、圆圈大小随意。

2．以左手动作为主。

3．30秒一组，做4组。

◆ **练习内容4** **左手、左脚配合"写米字、画圆形"练习**

● 练习方法：

身体直立，左手在体前写"米"字，右手在体前画圆圈，同时左脚在原地画圆圈。

● 要求：

1．"米"字大小为20厘米左右，按笔画写。

2．圆圈大小随意。

3．30秒一组，做4组。

◆ **练习内容5** **两手"依次屈伸"动作练习**

● 练习方法：

身体直立，两臂胸前屈，十指张开，依次做屈指、伸指动作练习。

● 要求：

1．左右手同时进行，从拇指到小指，再从小指到拇指。

2．左右手同时进行，左手从拇指到小指，右手从小指到拇指的屈伸。

3．听指令左右手交替练习。

4．30秒一组，做4组。

◆ **练习内容6** **左手左脚写"天、田、米"字，右手配合练习**

● 练习方法：

身体直立，左手、左脚写"天、田、米"字，右手屈肘体侧打节拍。

● 要求：

1．左手、左脚按笔顺同方向进行。

2．左手、左脚按笔顺反方向进行。

3．右手随意。

4．1分钟一组，做2组。

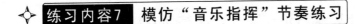

◇ 练习内容7 模仿"音乐指挥"节奏练习

● **练习方法：**

身体直立，双手模仿音乐指挥（三拍），左脚掌在地上打拍节。

● **要求：**

1．以左手指挥为主。

2．30秒一组，做4组。

◇ 练习内容8 模仿"弹钢琴"节奏练习

● **练习方法：**

坐在地上，两腿分开，两手模仿弹钢琴，左脚掌在地上打拍节。

● **要求：**

1．以左手为主，右手为辅。

2．选一首简单歌曲，重复练习2次。

◇ 练习内容9 模仿"电脑打字"练习

● **练习方法：**

坐在地上，两腿分开，左手模仿电脑键盘打字，右手模仿按空格键，左脚掌在地上打拍节。

● **要求：**

1．先慢后快，最后计时。

2．统一规定10个字，重复练习4次。

◇ 练习内容10 "两手和脚配合运动"练习

● **练习方法：**

坐在地上，两腿伸直，左手用掌在左大腿上进行前后运动，右手握拳在右大腿上进行上下运动。

● **要求：**

1．先慢后快，听指令改变左右手的运动轨迹。

2．30秒一组，做4组。

◆ 练习内容11 模仿"计算器与记结果配合"练习

● 练习方法：

坐在地上，两腿分开，左手用计算器进行计算，右手记结果。

● 要求：

1．进行100以内的加、减、乘、除，看谁算得既迅速又准确。

2．教师给出计算题，并计时。

3．1分钟一组，做2组。

◆ 练习内容12 模仿"翻书"练习

● 练习方法：

坐在地上，左手翻书。

● 要求：

1．教师报页数（一般在100页以内），学生依次进行翻找页码。

2．10秒一次，重复练习4次。

◆ 练习内容13 左右手配合触及身体部位练习

● 练习方法：

身体直立，左手依次做上举、触肩、触腰、拍腿，右手顺序相反进行。

● 要求：

1．节奏明快、触点准确。

2．4×8拍一组，做2组。

◆ 练习内容14 四肢协调配合练习

● 练习方法：

身体直立，两臂前、后摆动，左脚用脚尖前、后、左、右点地。

● 要求：

1．按顺序进行左脚点地。

2．时间30秒，做4次。

练习内容15 模仿"踢踏舞"手脚配合练习

● 练习方法:

身体直立,左脚做"踢踏舞步"(脚跟、脚尖),左手体侧屈伸。

● 要求:

1.点地有声、由慢到快。

2.4×8拍一组,做2组。

练习内容16 "踢踏舞"与绕"8"字练习

● 练习方法:

身体直立,左手头上绕"8"字,两脚跳踢踏舞。

● 要求:

1.做到踢踏有弹性,动作有力度。

2.以左手绕"8"字为主。

3.8×8拍一组,做2组。

练习内容17 画"五角星"练习

● 练习方法:

身体直立,两手叉腰,左脚画五角星。

● 要求:

1.一笔画成。

2.30秒一组,做2组。

练习内容18 逆、顺时针画"圆形"练习

● 练习方法:

身体直立,左手在胸前逆时针画圆圈,右手在胸前顺时针画圆圈,左腿屈膝抬起,左右摆动。

● 要求:

1.听指令改变左右手运动轨迹。

2.上、下肢配合协调。

3.30秒一组,做2组。

✧ **练习内容19** "画圆圈与顺逆时针"配合练习

● 练习方法：

身体直立，左手在胸前逆时针画圆圈，左脚在地上按顺时针画圆圈。

● 要求：

1. 左手左脚配合协调。

2. 听指令随时改变运动轨迹。

3. 1分钟一组，做2组。

✧ **练习内容20 身体协调配合练习**

● 练习方法：

稍屈身站立，左右腿依次屈膝外摆、内摆，两手也同时依次触摸同侧腿的外侧和内侧，两臂、两手与两膝运动方向相反，依次交叉摆动。

● 要求：

1. 左侧肢体和右侧肢体配合协调，节奏明快。

2. 30秒一组，做2组。

✧ **练习内容21 手脚协调配合练习**

● 练习方法：

身体直立，左手屈臂上下摆动，左脚左右点地。

● 要求：

1. 避免手脚方向一致，听指令上、下肢变换运动轨迹。

2. 30秒一组，做2组。

✧ **练习内容22 双人配合踩脚练习**

● 练习方法：

两人一组，面对面站立，双手叉腰，互相踩脚。

● 要求：

1. 踩、躲要快，不许踢腿。

2. 1分钟一组，做2组。

练习内容23　双人配合拍掌练习

● **练习方法：**

两人一组，面对面站立，屈肘相互翻掌拍击。

● **要求：**

1．双方双手同时练习。

2．左手背朝下翻掌拍击，右手掌朝下躲闪。

3．1分钟一组，做2组。

练习内容24　手指游戏配合练习

● **练习方法：**

两人一组用脚模仿，做手的包袱、锤头、剪子、跳游戏。

● **要求：**

1．顺序：两腿直立、两腿开立、两腿并住、左脚向前半步，两腿直立，右脚向前半步，两腿直立。

2．8×8拍一组，由慢到快，出腿顺序不许错，做2组。

练习内容25　"写米字、画方形"配合练习

● **练习方法：**

坐在地上，两腿分开，左手在地上写"米"字，右手画方块，两脚依次打拍子配合练习。

● **要求：**

1．四肢各按要求做，注意力集中在左手写字。

2．30秒一组，做4组。

练习内容26　"模仿运动"配合练习

● **练习方法：**

两人一组面对面站立，一人五指交叉握拳，另一人看手势做跳跃运动练习，然后交换。

● 要求：

1．做手势者出食指，对方两手放在体侧，同时两脚大开立跳。

2．出中指，对方两臂侧平举，两腿并立跳。

3．出无名指，对方两臂头上击掌，左腿做前方弓步跳。

4．出小指，对方两臂前平举，右腿做前弓步跳。

5．要求反应快、动作准确。30秒一轮换做4次。

◆ 练习内容27　"模仿篮、排、足球"配合练习

● 练习方法：

右腿屈膝站立，徒手模仿左手体前上、下垫排球，右手体侧运球，左脚向前脚内侧踢足球。

● 要求：

1．各肢体模仿动作准确，配合协调。

2．30秒一组，做2组。

◆ 练习内容28　"反应触摸"练习

● 练习方法：

两人站立在直径1.8米的圈内，双方用左手做摸对方左肩练习。

● 要求：

时间为30秒，计算摸中次数，做2组。

◆ 练习内容29　走、跳、跑练习

● 练习方法：

用双手触地走、跳、跑，到终点后快跑返回起点。

● 要求：

1．手足着地模仿大象走5米，接左脚跳5米，然后快跑返回。

2．计时，重复4次。

练习内容30 蹲、撑练习

● **练习方法：**

双手、双足模仿兔子依次跳。

● **要求：**

1．双手、双足配合协调。

2．10米往返练习，2—3组。

告诉你

体力节律为23天一个周期。在高潮期身体各部位都处在兴奋状态，耐力和抗病能力强；低潮期人体相对表现出一种衰退状态。在人节律的临界日，人体则表现为不舒服，抵抗力低，免疫能力差。

情绪节律为28天一个周期。在高潮时间里，人的行为及对待问题的态度表现为积极和富有建设性，在与人相处中表现为态度和谐融洽，情绪节律临界日，极容易发生差错和意外事故。

智力节律为33天一个周期。高潮期对大脑思维比较开阔，记忆力、综合、判断、推理、分析能力都处在最佳状态。智力节律运行到临界日，注意力涣散，思维迟钝，工作中极易出差错和失误。

全脑型身体素质练习评价标准

优	良	中	差
左侧肢体运动轨迹正确，按要求完成动作的质量好，双肢体能很好地协调配合。	左侧肢体运动轨迹较正确，按要求完成动作的质量较好，双侧肢体能较好地配合。	左侧肢体运动轨迹一般，按要求完成动作的质量一般，双侧肢体的配合一般。	左侧肢体运动轨迹较差，按要求完成动作的质量较差，双侧肢体的配合较差。

二、轻器械练习的目的与内容

教学目的

　　通过手持网球、棍棒、绳等轻器械的练习，增强学生关节的柔韧性、灵活性和提高学生肌肉的控制能力；并经过左手、左脚的协调配合和左右肢体的交叉练习，在头脑中反复地进行左→右→左脑内交叉作业，来刺激大脑的活性化，开发全脑的思维能力。

教学提示

　　1. 练习前，先要熟习各种器械的特点，进行分解练习，最后完整练习。

　　2. 开始先注重过程，不要求质量，待基本掌握方法后，再求质量。

　　3. 采用由简到难，循序渐进的原则进行。

　　4. 在练习的过程中，一定要注意避免伤害。

小网球练习

◆ **练习内容1** 小网球：五指滚动球练习

● **练习方法：**

1. 用一个小球在左手五指间滚动。

2. 球先从拇指开始滚到小拇指、再从小拇指滚到拇指。

● **要求：**

1. 要求依次滚动，不许掉球。

2. 往返5次一组，做4组。

◆ 练习内容2　小网球：抛、停练习

● 练习方法：

左手向上抛球1米高，当球落下时，用左手背停球。

● 要求：

1. 停球要稳。

2. 10次一组，做2组。

◆ 练习内容3　小网球：掉、抓练习

● 练习方法：

左手拿球掌心向下，突然五指松开，当球下落时，用左手迅速抓住。

● 要求：

1. 松手要快，抓球要稳。

2. 10次一组，做2组。

◆ 练习内容4　小网球：抛、抓练习

● 练习方法：

左手向上抛球，当球落到腰部以下，迅速用左手抓住球。

● 要求：

1. 抛球由低到高，抓球由高到低。

2. 10次一组，做2组。

◆ 练习内容5　小网球：抛、停练习

● 练习方法：

左手向上抛球，当球落下，用左脚掌停球。

● 要求：

1. 准确判断球落下的时机，停球要稳。

2. 10次一组，做2组。

◆ **练习内容6** 小网球：抛、垫、抓练习

● 练习方法：

右手向上垂直抛球1米高，当球落下用左腿屈膝垫起球后，迅速用左手在空中抓住球。

● 要求：

1. 控制好球的方向，动作衔接要好。

2. 当球落下经膝部垫起后，才能抓球。

3. 10次一组，做2组。

◆ **练习内容7** 小网球：夹球前抛练习

● 练习方法：

两脚脚内侧夹球向前抛出。

● 要求：

1. 球要夹得紧，用力将球抛得远。

2. 10次一组，做2组。

◆ **练习内容8** 小网球：抛、接练习

● 练习方法：

右手向上抛球，左手接球。

● 要求：

1. 抛球要直、高，接球要稳。

2. 10次一组，做2组。

◆ **练习内容9** 小网球：双球单手抛、接练习

● 练习方法：

左手用两球进行上下交替抛接球。

● 要求：

1. 只能用单手抛接球，控制好球的方向。

2. 在规定时间里，增加抛接次数。

3. 10次一组，做2组。

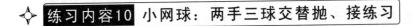

◇ **练习内容10** 小网球：两手三球交替抛、接练习

- 练习方法：

左、右手用三个球进行上下交替抛接球。

- 要求：

1. 左、右手配合协调，空中始终保持一个球。

2. 控制好抛球的高度与球的交换时间。

3. 1分钟重复练习为一组，做2组。

◇ **练习内容11** 小网球：掷、接练习

- 练习方法：

两人一组，面对面距离5米站立，一人用左手掷球给对方，另一人用左手接球。

- 要求：

1. 直线掷球，接球要稳，必须要用左手接住球。

2. 掷、接四个球为一组，然后轮换，共进行4组。

体操棒练习

◇ **练习内容1** 体操棒：平衡练习

- 练习方法：

1. 使棒垂直平衡于左手食指。

2. 使棒垂直平衡于左脚背。

3. 使棒垂直平衡于头前额。

- 要求：

1. 移动肢体，保持平衡不倒。

2. 15秒一组，做4组。

◆ **练习内容2** **体操棒：绕环与协调配合练习1**

● **练习方法：**

左手持体操棒体前、头上绕腕，右手放于体侧，两脚原地踏步。

● **要求：**

1．绕腕幅度大。

2．身体协调配合。

3．8×8拍，做2组。

◆ **练习内容3** **体操棒：绕环与协调配合练习2**

● **练习方法：**

左手持体操棒放至体前，右脚支撑，左脚左、右绕棒。

● **要求：**

1．左脚尽量不触到棒。

2．10次一组，做2组。

◆ **练习内容4** **体操棒：转体接棒练习**

● **练习方法：**

用右手扶体操棒一端，使棒垂直立于地面。放手后快速向左转体360度，再用左手将棒抓住。

● **要求：**

1．棒不许倒。

2．必须用左手抓棒。

3．计时30秒，做3组。

◆ **练习内容5** **体操棒：赶球练习**

● **练习方法：**

左手持棒一端，曲线赶球。

● **要求：**

1．必须用左手持棒赶球。

2．控制好球的滚动与行进的路线。

3．10米往返为一组，做2组。

踢毽练习

✦ **练习内容** ▌**左脚踢毽练习**

● **练习方法：**

用左脚内侧、外侧、脚背踢毽。

● **要求：**

1. 先内侧踢、后外侧踢练习，再用脚背踢，每个部位一次，依次循环练习。

2. 1分钟为一组，做2组。

跳绳练习

✦ **练习内容** ▌**跳绳绕环练习**

● **练习方法：**

用左手持跳绳，体前、体侧、头上顺时针绕圈。

● **要求：**

1. 要用左手持绳绕动。

2. 绕圈幅度要大，当听到指令后，迅速改变绕圈方向。

3. 1分钟为一组，做2组。

你知道吗?

  1996年，日本的一位专家春山茂雄写了《脑内革命》一书提出了"潜能革命要从脑内革命开始"，同年日本教育专家七田真写的《右脑革命》，成为一本轰动日本及世界各地的畅销书，提出"开发右脑领域，才是人类最终打开潜能之秘的钥匙"。目前有几十个国家都从事这方面的研究，有些研究已经上了因特网。我们国家体育方面较早开展这项研究的有上海的一个研究所。有的专家认为，人类拥有的脑力，真正使用的不到3%，也有人认为，只有10%左右，其中右脑的潜能最大。提出要全面开发大脑，培养全脑人才。

全脑型轻器械身体练习评价标准

优	良	中	差
控制器械的能力很强，在规定的时间内失误的次数极少，双侧肢体协调配合很好。	控制器械的能力较强，在规定的时间内失误的次数较少，双侧肢体协调配合较好。	控制器械的能力一般，在规定的时间内失误的次数多，双侧肢体协调配合一般。	控制器械的能力较差，在规定的时间内失误的次数太多，双侧肢体协调配合较差。

三、折纸、编绳、绘画练习的目的与内容

教学目的

通过用手折纸、编绳、绘画练习，使学生手指的运动神经得到训练，对大脑神经产生良性刺激，从而使学生对空间的认识力、右脑的想象力以及潜能的开发得到提高。

教学提示

1. 练习前先了解各内容的操作方法与特点。

2. 在操作的过程中，一定要以左手为主，右手为辅。

3. 重点放在过程，不要放在折、编、画得像与不像上。

4. 要求在规定的时间内完成。

折纸练习

◆ 练习内容　折纸练习

● 练习方法：

用20厘米正方形纸折飞机、纸鹤、上衣或自己编创一种。

● 要求：

1. 要以左手为主、右手为辅。

2. 按30秒计时，看谁折得快。

编绳练习

◆ 练习内容　编绳练习

● 练习方法：

准备1根1米长的塑料绳，编平结、活结、中国结或自创一种。

● 要求：

1. 编平结以左手为主，以右手为辅。

2. 编中国结，可用双手编。

3. 自创时可任意选择。

绘画练习

◆ 练习内容　绘画练习

● 练习方法：

用一张16开的纸，用左手画小汽车、小房子、头像。

● **要求：**

1. 只能用左手操作。
2. 要充分发挥个人的想象力。

请你体验

在练习中，特别是在做两手同时进行的动作，你是如何运用脑思维的？你的大脑是怎样支配的？是以右脑思维为主，指挥左手？还是以左脑的思维，自如地进行右手的操作呢？在双侧肢体的训练中，要有意识地用右脑积极地参与思考，用右脑指挥左肢体进行各种动作的反复练习，通过长期不断的训练，就会逐渐地习惯和运用右脑思考，并能指挥左侧肢体的动作自如化，从而达到全脑的开发。

全脑型折纸、编绳、绘画练习评价标准

优	良	中	差
按要求在规定的时间内完成作品快、质量高、动手能力很强、创新内容好。	按要求在规定的时间内完成作品较快、质量较高、动手能力较强、创新内容较好。	按要求在规定的时间内完成作品较慢、质量较低、动手能力一般、创新内容一般。	按要求在规定的时间内完成作品很慢、质量低、动手能力差、创新内容差。

四、球类项目练习的目的与内容

教学目的

通过左侧肢体球类项目的练习，对右脑产生刺激，使学生右脑的直觉、控制球的能力、手脚粘球、触球的能力得到提高，使双侧肢体达到同步发展。

教学提示

1. 全部内容要用左侧肢体的动作来完成。
2. 反复体会，能基本掌握，最后要达到熟练掌握各种动作。
3. 练习前要先观察、想象动作的过程，再进行练习。

乒乓球练习

◆ **练习内容**　**左手对墙推挡球**

● 练习方法：

用左手持乒乓球拍对墙推挡球练习。

● 要求：

1. 姿势正确、移动灵活，推挡次数多。
2. 练习5分钟。

羽毛球练习

◆ **练习内容**　**左手对打羽毛球**

● 练习方法：

两人用左手对打羽毛球练习。

● 要求：

1．两人一组，自由对打。

2．可采用不同的形式，但一定要用左手。

3．练习20分钟。

板羽球练习

◆ **练习内容**　**左手对打板羽球**

● 练习方法：

两人用左手对打板羽球。

● 要求：

1．两人一组，自由对打。

2．可采用不同的形式，但一定要用左手。

3．练习20分钟。

篮球练习

◆ **练习内容1**　**左手运球练习**

● 练习方法：

原地体侧左手运球练习。

● 要求：

1．用左手运球动作由高姿到低姿，由低姿到高姿，然后将球按在地上，再将球拍起，由低姿到高姿。

2．待左手巩固后，可用左右手交替运球练习。

3．1分钟为一组，做4组。

◆ 练习内容2　左手接球练习

● 练习方法：

用右手拍球，当球弹起瞬间，左腿向内迈球，再用左手接住球。

● 要求：

1．弹接球要掌握好时机。

2．迈腿要快，接球迅速。

3．10次为一组，做2组。

 排球练习

◆ 练习内容1　手臂对垫排球

● 练习方法：

两人对垫排球。

● 要求：

1．左臂对垫球1分钟。

2．双臂对垫球1分钟。

3．两人一组，距离4米，对垫球20次。

◆ 练习内容2　左手垫球

● 练习方法：

用左手掌、手背轻垫排球。

● 要求：

1．垫球时要控制好球。

2．30秒为一组，做4组。

足球练习

✧ **练习内容1** **踩球**

● **练习方法：**

用左脚踩住球，前、后搓球。

● **要求：**

1. 左脚踩球，脚掌不能离球。

2. 巩固后可用左右脚交替踩球搓动练习。

3. 1分钟为一组，做2组。

✧ **练习内容2** **足球绕"8"字练习**

● **练习方法：**

用左脚运足球绕8字，直径8米。

● **要求：**

1. 用足弓和脚内侧绕，练习时用左脚控制好球。

2. 动作巩固后，可用左右脚交替练习。

3. 3次为一组，做2组。

告诉你

　　全脑型幼师体育教学模式，是经过了北京市幼儿师范学校学生三年的科学实践的研究，并进行了多次的修改与调整，总结后得出的教材内容。当然这些不同的教学内容，也不是固定不变的，在进行各项教学活动中，也可以根据自己学生的不同情况、实际水平进行不断的改变或创新，但是不论如何变化，都不能离开学生右脑的开发和左侧肢体运动能力的提高，并且要能够经常性地、不断地、持之以恒地坚持练习，同时教师要很好地了解和认识全脑型体育教学模式的研究与教学对学生的发展所起的作用，并要认真努力地研究教学方法，创新出各种行之有效的教学手段与方法，认识到了这一点，相信大家在今后的教育教学活动中会有两种收获，即：学生全脑得到了开发；教师的教学能力也得到了相应提高。

全脑型球类练习评价标准

优	良	中	差
左侧肢体控制球的能力很强，动作协调、球感好，按规定要求失误极少。	左侧肢体控制球的能力较强，动作基本协调、球感较好，按规定要求失误较少。	左侧肢体控制球的能力一般，动作不协调、球感一般，按规定要求失误多。	左侧肢体控制球的能力差，动作很不协调、球感差，按规定要求失误太多。

第二节 全脑型体育游戏教材内容

幼师体育游戏教材内容，是根据幼师学生全脑型科学实验的要求所编排的。游戏的内容有徒手的、有轻器械的、还有伴随故事情节的。整个体育游戏的过程都强调以幼师学生全脑型开发为目的，在教学实验的过程中，教师在教会学生游戏的玩法时，还重点地运用了一些提问的方式，引导学生开动脑筋来发展思维、想象、研究、分析等能力，从而使双侧肢体功能全面利用和大脑潜能的全面开发。

一、篮球游戏的多种玩法

教学目的

1. 学生通过用左手进行滚、抛、拍、接、传递等多种形式活动的练习，不仅提高他们的运动能力，更主要的是开发学生右脑的思维能力。

2. 发展学生的身体素质，同时培养他们的空间、方位、知觉、观察、注意、想象、判断等能力。

3. 培养学生用全脑观察和判断球反弹起的方向、速度、距离、节奏等知觉，掌握正确、合理的拍球动作，提高控制球的能力。

教学提示

幼师的学生从脑的发育特点看来已基本形成，要开发全脑的功能确实有很大的困难和局限性，各种运动的机能已基本形成，特别是左侧肢体动作的操作，也不是一件很容易的事。因此，在进行各种球类的运动时，应注意以下几点：

1. 学习时要有意识地提示和教会学生用脑的方法，发展学生的思维。

2. 练习时要随时强调左手的操作，特别是一些较难动作内容的练习。

3. 进行双人和多人练习时，开始的速度不要太快，要逐渐地提高与加快。

4. 在练习的过程中，还可以让学生主动地表演各种动作，相互学习、相互指导、相互启发和相互评价。

教学内容

◆ 练习内容　运球游戏1

● **练习方法：**

左手运球练习：

让学生在原地用左手运球10次；再继续进行低姿势和坐姿用左手运球10次，三种形式重复3组，让学生体验左手运球的感觉和运球的力度及节奏的变化。

● **要求：**

1. 三种姿势必须用左手运球。

2. 低姿势运球时，两腿要屈膝、全蹲。

3. 不能用右手参与，可将右手背后或放置头后。

◆ 练习内容　运球游戏2

● **练习方法：**

身体姿势变化左手运球练习：

原地变化身体姿势左手运球。

1. 身体直立原地的左手运球：20次×3组。

2. 半蹲姿势的左手运球：20次×3组。

3．全蹲姿势的左手运球：20次×3组。

4．坐在地上左手原地运球：10次，然后还原到开始姿势运10次，做3组。

● 要求：

1．四种姿势要求用左手运球。

2．半蹲时，两腿分开，右手叉腰，全蹲时，运球用力要大。

3．地上到站立运球时要连贯不断球，并要达到运球的次数。

◈ 练习内容　**运球游戏3**

● 练习方法：

左右手交替运球练习：

让学生用左右手在体前交替运球，体验全脑控制左右手运球点的变化与能力。

● 要求：

1．运球时只能一手运一次球。

2．在运球的过程中要始终保持在体前运球。

3．1分钟为一组，做4组。

◈ 练习内容　**运球游戏4**

● 练习方法：

左右手变化方向运球练习：

原地体前左右手变化方向运球。

● 要求：

1．往左方向运球时，要击球的右侧上方，往右运时击球点要相反。

2．1分钟为一组，做4组。

◈ 练习内容　**运球游戏5**

● 练习方法：

左手体侧变方向运球练习：

左手体侧前后变化方向运球。

● 要求：

1．往前运球时要注意击球的后上方，往后运球时要击球的前上方。

2．要注意击球时不要快速击打球，最好是按压球，并随球的反弹方向缓冲，就好像球粘在手上似的。

3．1分钟为一组，做4组。

◆ **练习内容** **运球游戏6**

● 练习方法：

左手部位变化运球练习：

用手指手掌的不同位置运球。

1．用左手的手掌击球。

2．用左手指尖击球。

3．用左手小拇指外侧立掌手背或半握拳击球。

● 要求：

1．"运"一下球、"点"一下球、"切"一下球。

2．只能用左手，右手不能参与，提高神经系统的指挥能力。

3．1分钟为一组，做4组。

◆ **练习内容** **运球游戏7**

● 练习方法：

左右手运球接力练习：

行进间运球，用分组接力赛的形式。

1．用左手直线迎面运球接力跑30米往返。

2．用左手曲线绕障碍运球30米往返。

3．用右手直线迎面运球接力跑30米往返。

4．用右手曲线绕障碍运球30米往返。

5．用左右手曲线绕障碍运球40米往返×2组。

● 要求：

1．左手运球时，右手不能参与。

2．曲线运球时一定要绕过每一个障碍物，才能往返跑回。

3．左右手曲线绕物运球时，要控制好击球的方向，不能用力太大。

你知道吗？

　　人脑是自然界最复杂的系统。当个体出生时，便有大约1千亿个神经元，1万亿个神经胶质细胞，10万亿个神经元间的连接。人脑不仅在结构上相当复杂，而且具有记忆、思维、学习、语言、情绪、社会交往等高级功能。人脑的结构与功能的关系并非一一对应，它具有多区域的协同活动、动态可变的特性。经过长期的进化，人脑在结构与功能上的高度完备性确保了人类在自然界的竞争中居于显著的优势地位。人类对脑的研究不仅可以增进对人脑奥秘的认识，而且还可能通过掌握脑的活动与发展变化规律，实现科学地保护脑、使用脑、开发脑和创造脑。就教育而言，对脑的深入研究还可以帮助人们认识如何通过恰当的教育培养来开发脑的功能。

　　（董奇、淘沙：《论脑的多层面研究及其对教育的启示》，《教育研究》，1999年第10期）

单人左右手各种运球练习评价标准

优	良	中	差
左侧肢体动作规范，能很好地控制球的运动轨迹，能很好地完成各种动作，协调性很高。	左侧肢体动作较规范、能较好地控制球的运动轨迹，能较好地完成各种动作，协调性较好。	左侧肢体动作一般、控制球的运动轨迹一般，完成各种动作效果一般，协调性一般。	左侧肢体动作差、控制球的运动轨迹差，完成各种动作效果差，协调性差。

◆ **练习内容　运球游戏创新1**

● **练习方法：**

两人练习法：

两人协同配合运球。

1. 让学生两人左右并排站立，相邻的手互相拉住，两人外侧手各持一球进行原地运球。

2. 两人左右并排站立，相邻的手互相拉住，两人向前行进间的运球。

3. 两人交换位置，换手进行原地和行进间的运球。

● 要求：

1. 两人原地和行进间运球时，两手不能分开。

2. 行进间运球时，要注意运球的击球点，保持运球的直线性。

3. 2分钟为一组，做3组。

◇ 练习内容 运球游戏创新2

● 练习方法：

两人练习法：

1. 要求学生两人里手（左右手）相握，两人外手（左右手）各持一球，以右手持球的人为圆心，左手持球的人原地运球，并行进画圆形。

2. 以上内容交换位置进行一次。

3. 以上1—2内容交换重复练习3—4组。

● 要求：

1. 左手运球画圆形时，右手运球的人不要移动，只是原地运球。

2. 两人运球时两手不能分开，要协调配合。

◇ 练习内容 运球游戏创新3

● 练习方法：

两人练习法：

让学生两人手拉手原地运球（一人左手运球、一人右手运球），当听到信号后两人迅速分手，并向后转体360度，再用左手将球托住。

● 要求：

1. 原地运球时两人的手不能分开。

2. 当听到信号时，应用力击球，将球击的高一些。

3. 两人向左方向转体。

4. 5次为一组，做3组。

◇ 练习内容 运球游戏创新4

● 练习方法：

两人练习法：

两人左手原地运球，当听到信号时，两人迅速手拉手进行运球（有一人变为用右手运球，另一人还是左手运球），当听到第二次信号时，两人又分开继续用左手运球，当听到第三次信号时，两人用左手将球托住。

● 要求：

1．原地运球时必须用左手进行。

2．第一次信号时，有一人必须要用左手运球。

3．第二次信号时，两人必须用左手运球。

4．第三次信号时，两人必须用左手将球托住。

5．听到信号反应要快，并要做出不同的运球形式。

6．5次一组，做2组。

◆ 练习内容　运球游戏创新5

● 练习方法：

两人练习法：

让学生两人用左手进行行进间的运球，当听到信号时，马上向左转体180度，继续向前用左手运球；当再次听到信号时，马上向右转体180度，同时用右手运球；当听到下一个信号时，马上用双手将球向上抛起，并用左手将球托住。

● 要求：

1．第一次转体时一定要用左手，并向左方转动。

2．两人相间距离要适当，防止相互的影响。

3．以上练习内容重复做3—4组，不断提高运球的质量。

◆ 练习内容　运球游戏创新6

● 练习方法：

5—6人练习法：

1．5—6人拉成一个小圆形，每人一球用左手原地运，当听到信号时，全体用力击自己的球后，迅速进行左右交换位置，并准确用左手接住对方的球。

2．让学生5—6人拉成一个小圆形，每人一球用左手原地运球，当听到信号时，全体将球向上抛起，并用左手将球接住，右手叉腰。

3．要求学生5—6人拉成一个小圆形，每人一球用左手原地运球，当听到信号时，全体用力击自己的球后，迅速向左转体360度，并用左手将球接住。

● 要求:

1. 左手运球要用力,并能控制好自己的球。

2. 左右换位要迅速,并能判断和接好对方的球。

3. 转体的方向一定要做到向左转体。

4. 所有的接球动作都要用左手。

5. 2分钟为一组,做3组。

◆ **练习内容 运球游戏创新7**

● 练习方法:

双球练习法:

一个人用两个球,先从原地开始运球5次后,逐步过渡到向前行进间运球20米后将两球同时接住。

● 要求:

1. 手的运球用力要均匀。

2. 原地运球时注意击球的上方。

3. 行进间运球时要击球的后上方。

4. 20米往返练习为一组,做2组。

◆ **练习内容 运球游戏创新8**

● 练习方法:

双球练习法:

一个人两个球先用左、右、左、右拍的顺序进行连续地原地交叉运球,当听到信号时,用两手将球接住。

● 要求:

1. 运球时要注意先后顺序和击球的部位。

2. 击球的落地点要有一个交叉的路线。

3. 1分钟为一组,做4组。

◆ **练习内容 运球游戏创新9**

● 练习方法:

双球练习法:

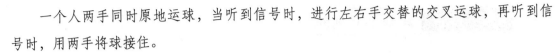

一个人两手同时原地运球，当听到信号时，进行左右手交替的交叉运球，再听到信号时，用两手将球接住。

● **要求：**

1．原地运球时要用力，速度要稍快些。

2．听到信号时，变换的动作要有节奏。

3．以上练习重复做4—5组。

告诉你

　　人人都希望能有一个聪明的大脑，为人类创造更多的物质和精神财富。你也可能曾经抱怨过你的脑子太笨、没有创造力。也许正好相反你的脑子非常聪明，遗憾的是你不懂得用脑的奥秘，也就是说你不会用脑。大脑是思维、意志、创造的基础，它会越来越发达。但是，在单位时间里，脑细胞用久了就会疲劳。这是因为脑细胞为了保护自身不至于疲劳过度而受损伤，所表现出的一种防御性反应。所以每一个人在用脑时，一定要根据自己的身体情况、营养状况，脑力锻炼的程度等来确定自己用脑的持续时间，确保大脑的工作效率。

　　作为幼儿教师在开发幼儿全脑型活动中，也要避免脑的疲劳和损伤的出现，要结合幼儿的身心特点多采用游戏的形式进行幼儿全脑的开发与运用，才有好的用脑效果。

双人运球练习评价标准

优	良	中	差
双人动作配合的非常协调、规范，能很准确地按要求完成练习，并能用左侧肢体很好地控制各种球的动作。	双人动作配合较协调、规范，基本能按要求完成练习，基本上能用左侧肢体控制各种球的动作。	双人动作配合协调、规范性一般，按要求完成练习一般，用左侧肢体控制各种球的动作一般。	双人动作配合协调、规范性差，按要求完成练习差，用左侧肢体控制各种球的动作能力差。

练习内容　滚球游戏创新1

● 练习方法：

用左手向前直滚球。

● 要求：

1. 两脚左右开立，半蹲用左手持球，从左侧由后向前方体前挥臂，用抖腕、拨指的力量将球向前直滚出。

2. 只能用左手滚球，不得有右手的参与，但引球时可用右手护球。

3. 滚出20米为1组，重复做3组。

练习内容　滚球游戏创新2

● 练习方法：

左手在胯下向后滚球。

● 要求：

1. 两脚左右开立，半蹲用左手持球，从胯下由前向后方体前挥臂，用抖腕、拨指的力量将球向前直滚出。

2. 只能用左手滚球，不得有右手的参与。

3. 滚出20米为1组，重复做3组。

练习内容　滚球游戏创新3

● 练习方法：

用左手模仿滚保龄球。

● 要求：

1. 只能用左手使球向前滚动，右手叉腰。

2. 滚动5次为1组，重复做3组。

练习内容　滚球游戏创新4

● 练习方法：

让学生用左手滚球进门。

● 要求：

1. 两人1组，相距5—10米，中间放置一个小球门（门的宽度可根据情况调整），两个人用左手将球滚进球门。

2. 不得用右手参与比赛，每人滚球5次为1组。

3. 滚进球门的次数多者为胜。

◆ 练习内容　**滚球游戏创新5**

● **练习方法：**

1. 两人1组，相距5—10米站好。

2. 两腿开立，上体前屈，用两手在体前将球左右滚动。

3. 当听到信号时，用左手将球滚向对面的同伴。

● **要求：**

1. 向前滚球，只能用左手。

2. 滚球要用力，直线性强。

3. 每人练习5次为1组，重复做4组。

◆ 练习内容　**滚球游戏创新6**

● **练习方法：**

1. 两腿开立，上体前屈，用两手在体前将球左右滚动。

2. 当听到信号时，用左手将球用"S"形向前滚出。

3. 当听到信号时，用左手将球按住。

4. 当再听到信号时，再重复做1—3动作。

● **要求：**

1. 只能用左手向前滚球，并要求是"S"形。

2. 听到信号时，变化的动作一定要快。

◆ 练习内容　**传接球游戏创新1**

● **练习方法：**

两人传接球游戏：

让学生两人一组原地用左手传、接球。

● **要求：**

1. 只能用左手传、接球。

2. 开始传球的速度不要太快，逐渐加快。

3．接球要稳，提前判断好球的方向。

4．15次为一组，做2组。

◇ **练习内容** **传接球游戏创新2**

● 练习方法：

两人传接球游戏：

让学生两人用左手原地运球10次后，将球传给对方。

● 要求：

1．只能用左手运球，运球时两人要喊出数来。

2．两人相距5—10米，接球时要求用左手。

3．运、传、接三次为1组，重复做5组。

◇ **练习内容** **传接球游戏创新3**

● 练习方法：

两人传接球游戏：

两人一组，用左右手在体前用较快的速度交叉运球10次后，用左手将球传给对方，对方可用双手接球。

● 要求：

1．运球时是只能用左手操作。

2．两人相距5—10米，运球时尽量不看球。

3．传球的速度不要太快，重复练习3次为1组，做5组。

◇ **练习内容** **传接球游戏创新4**

● 练习方法：

两人传接球游戏：

两人一组，个人在原地用左手进行绕"8"字运球，并用一个八拍完成后传给对方。

● 要求：

1．只能用左手进行原地的绕"8"字运球。

2．运绕球的节奏要强，速度要稍快些，要用八拍完成。

3．运球时，可用两手完成，重复练习3次为1组，做5组。

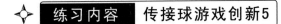

练习内容 **传接球游戏创新5**

● 练习方法：

两人传接球游戏：

两人用左手原地运球，并向左转体360度后，将球传给对方。

● 要求：

1. 转体运球时，只能用左手运。

2. 两人相距5—10米。

3. 接球时可用双手，重复练习3次为1组，做5组。

练习内容 **传接球游戏创新6**

● 练习方法：

两人传接球游戏：

两人一组，先用左手原地运球并向右转体360度，再向左转体运球360度后，用左手将球传给对方，对方用左手将球接住。

● 要求：

1. 原地运球和传接球时，只能用左手。

2. 两人相距10—15米。

3. 重复练习3次为1组，做5组。

练习内容 **传接球游戏创新7**

● 练习方法：

两人传接球游戏：

两人一组相距5米，用左手原地运球10次后，用左手将球传给对方，对方可用双手将球接住。

● 要求：

1. 原地运球时，只能用左手运球。

2. 要求必须原地运球10次后，才能将球传给对方。

3. 传球的速度不要太快，接球可用双手。

4. 重复练习3次为1组，做5组。

◆ **练习内容** 传接球游戏创新8

● 练习方法：

两人传接球游戏：

两人一组相距5米，用左手互相运球接击地面后，将球反弹给对方。

● 要求：

1. 两人只能用左手原地运球。

2. 传给对方的球用力要大些，并要掌握好用力的方向和击球点。

3. 接球时可用双手。

4. 重复练习5次为1组，做5—8组。

◆ **练习内容** 传接球游戏创新9

● 练习方法：

两人传接球游戏：

两人一组相距5米，双手交替在自己的双腿间绕左右传递球10次后，将球传给对方。

● 要求：

1. 两腿左右开立稍大些，上体前屈，用两手在左腿后向前，再由右腿后向前绕一个"∞"字形。

2. 必须完成10次后，才能将球传给对方。

3. 传1次为1组，做5—8组。

◆ **练习内容** 传接球游戏创新10

● 练习方法：

两人传接球游戏：

两人一组相距10米，先用左手原地运球，当听到信号时，迅速用左脚将球踢给对方，对方可用双手接球，接到球后再用左右手原地交叉运球，当听到信号后，再将球用左脚踢给对方，当听到游戏结束的信号时，立即双手持好球。

● 要求：

1. 原地运球、给对方踢球时，只能用左手、左脚。

2. 当听到信号时，要立即将球踢出。

3. 以上内容要反复练习5—6次为1组，做3组。

练习内容 传接球游戏创新11

● **练习方法：**

多人传接球游戏：

要求学生11人一组拉成一个直径10米左右的圆圈，选一人在圈内，其他的人用左脚踢球（圈内共有3—5个球），碰击圈中的人，当被击中时，两人就交换角色。

● **要求：**

1. 踢球人只能用左脚，但用力不能太大。

2. 踢球击中10次为1组，做3组。

活动提示

游戏是所有的学生非常喜欢的运动内容之一，而体育游戏的组织有非常严格的步骤，否则的话无法进行。因此，教师们在组织体育游戏时，首先要明确游戏的目的，即：为什么要进行此游戏，要锻炼学生身体的什么部位，并根据目标设定游戏内容。

设定游戏的规则是很重要的一部分，将游戏的规则制定的越细化，游戏进行的就会越顺利，所以在进行游戏的教学活动中，我们不能只看到游戏的玩，要让学生玩出科学、玩得痛快，更要利用游戏活动使学生得到全脑开发。

练习内容 传接球游戏创新12

● **练习方法：**

集体传接球游戏：

"头上胯下传球"游戏。把参加游戏的人分成人数相等的若干队，每队站成一路纵队，第一组轮换，由各队排头拿一个球，当听到信号后，各队排头的人先用左手原地运球5次后，再用双手从自己头上传给自己后面的队员，依次进行到最后一名队员；做完后开始第二次轮换，全体队员迅速向后转体180度，两腿分开，体前屈由第一个人在自己胯下用双手接自己身后队员传递来的球，依次传至排头，以完成传递球的先后顺序来评判名次。

● 要求：

1．各队必须人数均等，听到信号后才能开始。

2．原地运球只能用左手，必须达到运球5次后，才能将球从头上传给下一个同伴。

3．在胯下传球可用双手接球。

4．两轮练习结束为一组，重复做5组来判定胜负。

◆ 练习内容　传接球游戏创新13

● 练习方法：

集体传接球游戏：

"转体传球"游戏。把参加游戏的人分成人数相等的若干队，排头的第一个人用左手托球向右转，将球传给第二个人，第二个人用右手向左转将球传给第三个人，第三个人再用左手向右转传给第四个人，以此类推，以完成传递球的先后顺序来评判名次。

● 要求：

1．要求单数的人只能用左手传球，接球时可用双手。

2．传接球时，只能左右转动。

3．以全体传接完为一轮练习，五局三胜判定胜负。

◆ 练习内容　传接球游戏创新14

● 练习方法：

集体传接球游戏：

"胯下运、传球接力赛"游戏。把参加游戏的人分成人数相等的若干队，在起点线后站成一纵队，听到信号后，各队第一个人用左手运球向前15米运球到终点后原地运球10次，再用双手在胯下交叉运球10次后，继续用左手将球运回，传给下一个同伴；以此类推，直到全队做完，以完成的先后顺序排名次。

● 要求：

1．原地和行进间的运球只能用左手。

2．原地的各种运球必须完成次数后，才能进行下一个内容的练习。

3．以全体传接完为一轮练习，五局三胜判定胜负。

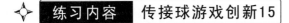

练习内容 传接球游戏创新15

● **练习方法：**

集体传接球游戏：

"听信号运、传球"游戏。全体参加游戏者站成一个大圆圈，面向圆心。每隔2—3人就有一个人左手持球，当听到信号后，持球的人用左手运球，并围绕右边的人绕环一周后，将球运一次反弹给游戏规定的同伴，依次做完，以传递最快的为胜者。

● **要求：**

1．要求运球时，只能用左手。

2．反弹运球时用力不用太大。

3．以全体传接完为一轮练习，五局三胜判定胜负。

练习内容 传接球游戏创新16

● **练习方法：**

集体传接球游戏：

"运、传球追逐"游戏。12人一组拉成一个圆形，其中两个人持球站到圆的两端，当听到信号后，两人追逐跑，并用左手运球，到一圈后传给下一个同伴继续追逐，如追到同伴后，就请他用左手创编一个新的运球动作，并在大家面前展示，同时大家对他进行评价。

● **要求：**

1．运球追逐跑时，只能用左手。

2．下一个同伴接球时可用双手。

3．当听到游戏停止的信号时，表示游戏结束。

4．10分钟。

练习内容 传接球游戏创新17

● **练习方法：**

集体传接球游戏：

"猎人和野鸭"游戏。全体围成一个大圆圈，请三分之一的队员到圈里当"野鸭"，其他人当"猎人"，用左手用地滚球的方法打"野鸭"，"野鸭"在圈内四散躲闪滚来的球，如被球碰到，就暂时退出游戏，在规定的时间里没被击中的为优胜者。

● **要求：**

1．在圈里的人不能跑出圈外。

2．滚球的人只能用左手操作。

3．被击到的"野鸭"必须主动离开。

4．听到信号时立即结束游戏。

5．15分钟。

 评价提示

我们在教学的单元阶段一定要进行一次必要的评价与小结，评价的目的是了解学生学习的结果，同时也要了解教师教学的情况，及时地进行教学内容和方法的修改与调整，评价时先要根据学生原始的测试情况，再根据他经过了一段时间的学习与锻炼后的效果，进行客观实际地评价，同时也要让他们知道存在的问题与解决问题的办法。

教师也要根据教学时的具体情况对教学内容、难易程度进行及时地调整。调整要有针对性，教师虽不可能为所有的学生每人制订一个训练计划，但可以将班里学生分为能力较强、中等级和较弱三个组别，分别予以不同的要求、进行不同的指导，让学生树立信心，发挥各自潜能，扮演好各自的角色，满足他们的表现欲望，从而达到良好的教学效果。

滚球、传接球、集体游戏练习评价标准

优	良	中	差
左侧肢体的各种动作规范准确，并有很强的控球能力和与集体的合作能力，能按要求高质量完成练习次数，失败次数少。	左侧肢体的各种动作较规范准确，有较强的控球能力和与集体的合作能力，能按要求较好地完成练习次数，失败次数较少。	左侧肢体的各种动作一般规范准确，控球的能力和与集体的合作能力一般，完成练习次数一般，失败次数较多。	左侧肢体各种动作规范性、准确性差，控球能力和与集体合作能力差，完成练习次数少，失败次数很多。

二、呼啦圈的多种游戏

你用呼啦圈组织学生进行过游戏活动吗？你用呼啦圈进行过全脑型的体育游戏吗？你创编过全脑型的呼啦圈体育活动游戏吗？你是否感到有一定的困难？你愿意进行这项轻器械的全脑型活动吗？请你认真地看书，你一定会从书中得到启发，全脑型呼啦圈的活动与方法就在你的身边。

教学目的

通过练习滚圈、钻圈、跳圈、晃圈、抛接圈、占圈、套圈等多种形式的玩法，特别是让学生用左侧肢体练习，发展学生的全脑的运用能力，同时还能发展学生的反应能力、协调能力和控制器械的能力以及空间与方位的感知能力。

教学提示

1．在进行各种全脑型体育活动中，特别是钻圈或跳圈时，更要充分地做好活动前的准备，尤其是学生的左脚准备活动，并在活动中随时提醒学生正确的方法与要领，避免受伤事故的发生，保证游戏顺利进行。

2．先让学生熟悉呼啦圈的性能及各种玩的方法。

3．教学的过程中，要及时提示学生左肢体的运用与操作。

4．开始练习时，不能过快或是过急，要通过一个实践过程，才能达到好的练习效果。

教学内容

◆ **练习内容**　呼啦圈游戏创新1

● 练习方法：

单人练习：

边走边用左手向前滚动圈20米，再用左手原地转动圈360度后往返练习。

● 要求：

1．向前滚动呼啦圈时，只能用左手操作。

2．开始滚动时速度不宜太快，可逐渐加快速度或用计时的形式。

3．往返3次为一组，做3组。

◆ 练习内容　呼啦圈游戏创新2

● 练习方法：

单人练习：

用左手向前抛出圈时，使圈落地后快速往后反转，当圈滚回到自己身前时，迅速跳起分腿从圈上跃过。

● 要求：

1．要求向前抛圈时，只能用左手，抛出后的瞬间往回压腕使圈能反转。

2．要判断好圈与你跳起越过的时机，避免受伤事故的发生。

3．连续做5次为一组，做3组。

◆ 练习内容　呼啦圈游戏创新3

● 练习方法：

双人练习：

两人一组相距5—10米，面对面站好，一人用左手向后滚动圈，对面的人也要用左手接圈，接到圈后用双手持圈向后跳绕（仿跳绳）10次，再将圈向前滚给同伴继续练习。

● 要求：

1．滚球只能用左手操作，互相滚圈的方向要正，用力不能太大。

2．接圈后只能向后跳绕10次后，才能将圈向后滚给对方。

3．连续3次为1组，做5组。

呼啦圈各种练习评价标准

优	良	中	差
左侧肢体控制呼啦圈的能力很强，各种动作规范准确，能与同伴很好地合作与创新，失败次数很少。	左侧肢体控制呼啦圈的能力较好，各种动作规范准确性较好，能较好地与同伴合作，失败次数较少。	左侧肢体控制呼啦圈的能力一般，各种动作规范准确性一般，与同伴合作能力一般，失败次数较多。	左侧肢体控制呼啦圈能力差，各种动作规范准确性差，与同伴合作能力差，失败次数很多，不能完成任务。

你知道吗？

　　大脑是由一百多亿个脑细胞构成的，每个细胞就其形状而言就像最复杂的小章鱼。它有中心，有许多分支，每一分支都由许多点相连接。一百多亿脑细胞中的每一个细胞都比今天地球上大多数电脑强大和复杂许多倍。每个脑细胞与几万至几十万个细胞连接。它们来回不断地传递着信息。这被称为"迷人的织造术"，其复杂和美丽程度在世间万物中无与伦比。

　　正是这些不起眼的脑细胞使人脑变成了"一台施了魔法的织布机"，从而创造出人间一幅又一幅美妙的图案。

　　为此，对于我们从事培养人的教育者来说，培养全脑型的人才就显得更为重要，特别是对自己本身全脑型的开发与能力的培养，是自己能够理解和掌握全脑型的体育游戏的知识和教育方法，提高自己的活动能力，特别是左侧肢体的运动能力，在其基础上激发全脑的功能，创编出自己独特的、新颖的、实用的、幼儿全脑型体育游戏的新内容，培养全脑型的接班人。

三、钻圈、跳圈的多种游戏

教学目的

通过各种钻圈、跳圈游戏的练习，培养学生良好的思维方式、好动脑筋的习惯，同时发展学生的协调性、灵敏性、平衡、空间方位的知觉感、判断力，以及左侧肢体运用圈的各种操作能力，从而打开学生的思路，开发学生的全脑智能。

在游戏教学中还要特别注意学生创新能力的培养，多给学生留有时间和空间，进行相互间的创新活动，培养创新能力。

教学提示

1. 有些较难的游戏动作，可先在原地进行严格的训练，待动作掌握后再进行正式的游戏练习。

2. 有些游戏进行前一定要做好相关的准备活动，以避免受伤事故的发生并提高游戏质量。

3. 采用比赛的形式进行时，一定要有严格的规则要求。

教学内容

✦ **练习内容** **钻圈游戏创新1**

● 练习方法：

两人与集体练习：

"钻小篱笆"游戏。把参加的人分成人数相等的两队，面对面相距3—5米站好，其中一队用左手持呼啦圈立于体侧，圈面对着对面的队员，听到信号后不拿圈的队员迅速跑到对面自己的队员处，钻过圈后用左臂套住圈，并做向外绕环动作，当听到信号时，迅速将圈交给同伴，快速地跑回到出发的位置，以完成任务的先后顺序来决定名次。

● 要求：

1．绕圈时只能用左臂进行。

2．当听到第二次信号时，才能跑回原位。

3．做完12人为一轮，进行5轮比赛。

◆ 练习内容 **钻圈游戏创新2**

● 练习方法：

两人与集体练习：

"快跑快钻" 游戏。把参加游戏的人分成人数相等的几队，站在起跑线后，听到信号后，每队的第一个人迅速跑到20米折返点处，钻过呼啦圈后，再用左脚绕圈、右脚在圈外小跳动，当听到信号时迅速跑回起点与对方击左掌后，对方才能进行下一次动作，最后以先到者为胜，以此类推。

● 要求：

1．钻过圈后只能用左脚绕圈。

2．当听到信号后，才能跑回并只能用左手击掌。

3．跑完12人为一轮，做4组。

◆ 练习内容 **钻圈游戏创新3**

● 练习方法：

两人与集体练习：

"小动物跳大圈" 游戏。参加游戏的人数为12—16人，排成一路纵队，蹲在地上"扮小动物"两人前后相距2米左右，游戏开始，"驯兽员"左手持火圈（呼啦圈）面对着第一个队员，圈的底部离地5—10厘米，从队前向后依次用左手套每个"小动物"，"小动物"用左脚蹲撑跳的办法钻过"火圈"。（左臂上举，头先钻过火圈，然后双手撑地，左脚跳起离地钻圈。）动作掌握后可用分队比赛进行。

● 要求：

1．可先在原地教会每一位学生正确的动作方法。

2．举圈、套圈、钻圈、跳圈都只能用左肢体操作。

3．动作熟练后可采用比赛的形式进行，五局三胜。

◆ **练习内容** 跳圈游戏创新1

● 练习方法：

四人练习：

要求四人一组，将圈放在地上，四人都站在圈里，听信号后用左脚进行跳圈练习，根据指挥员的信号，跳圈人用左脚向前、后、左、右不同的方向跳出跳进，同时用左手做叉腰、触肩、拍左腿两次的动作，当再听到信号时游戏结束。

● 要求：

1. 跳跃以及上肢动作都要用左肢体来完成。

2. 上下肢的动作要有节奏、要连贯。

3. 听到信号后才能停止游戏。

4. 可采用计时1分钟为1组的形式进行，做5次，也可根据学生情况增加或减少。

◆ **练习内容** 跳圈游戏创新2

● 练习方法：

单人与集体练习：

"左右跳圈"游戏。把参加游戏的人分成人数相等的几队，根据队员的跳跃能力在地上摆放左、右、左、右顺序10个圈，要求第一名队员依次连续用左脚跳进每一个圈，同时两手在体前击掌，跳到最后一个圈时，拿起圈向前做跳绳动作10次后，跳回原位并用左手击第二个同伴的左手，第二人才可继续进行同样的动作。以先跳完者为胜，以此类推判定胜负。

● 要求：

1. 跳动时只能用左脚进行。

2. 必须用圈做够10次跳绳后，才能进行下一个动作的练习。

3. 做完12人为一轮比赛，重复做5次决定胜负。

◆ **练习内容** 跳圈游戏创新3

● 练习方法：

单人与集体练习：

"单脚、双脚变化跳圈"游戏。把参加游戏的人分成人数相等的几队，将圈按照单、双、单、双的顺序在地上摆放10个，要求队员单脚跳时，用左脚进行，并做击掌动作，双脚分腿跳进双圈时要求两手叉腰，依次跳完所有的圈，先跳完10个圈者为胜，以

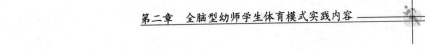

此类推判定胜负。

● 要求：

1．单脚跳时，只能用左脚进行，与上肢的动作要协调。

2．做完12人为一轮比赛，重复做5次决定胜负。

◆ 练习内容　抛、接圈游戏创新1

● 练习方法：

双人练习：

两人一组，一人用左手抛圈，另一人用左手接；一人用右手抛圈，另一人用左手接圈。反复交替重复练习。

● 要求：

1．每一个人必须要用左手抛接一次后，才能用右手抛接一次。

2．每人连续做10次为一组，重复练习5组。

◆ 练习内容　抛、接圈游戏创新2

● 练习方法：

双人练习：

两人一组，一人用左手向上方抛出圈后，向前做一个前滚翻，再用左手把圈接住交与同伴，同伴继续做同样的动作。

● 要求：

1．必须用左手抛、接圈。

2．做此练习时，一定要用垫子，同时要做好充分的准备活动。

3．两人连续做5次为一组，重复练习3组。

体验一下

全脑型健美操方位动作组合是学好全脑型健美操的基础，虽然动作比较简单，但你发现了吗？它要求左侧肢体的动作比较多，不仅要求你的思维敏捷，反应要快，还要有一定的控制力，使动作做到干净利索，到位准确，并且要使你的右脑始终保持在高度的积极思考状态，这样才能使整套动作顺利地完成，你能做到吗？请你体验一下。

钻圈、跳圈、抛接圈练习评价标准

优	良	中	差
左侧肢体操作三项内容的能力很强,动作规范,能很好地按要求完成任务,失误的次数很少,并能创新。	左侧肢体操作三项内容的能力较强,动作较规范,能较好地按要求完成任务,失误的次数较少,并有一定的创新欲望。	左侧肢体操作三项内容的能力一般,动作规范度一般,按要求完成任务一般,失误的次数较多,有创新的意愿,但缺乏能力。	左侧肢体操作三项内容的能力差,动作规范度差,按要求完成任务差,失误的次数很多,没有创新的意愿和能力。

第三节 全脑型幼师健美操教学模式内容介绍

北京市幼儿师范学校全脑型健美操教学模式内容,是根据学生年龄特点和生理特点以及身心发展,特别是针对全脑型发展的需要而创编的。整套模式的教学内容是在发展学生自身能力的基础上,以重点突出学生全脑型开发为目的,根据北京市幼儿师范学校学生学习健美操的程度和爱好而设计。在以往的学习习惯中,健美操的学习都是以左边的动作开始的,为此,我们在教学中除了重视全身各部位的发展及全脑的开发外,重点培养和开发左侧肢体动作的训练,使学生能达到双侧肢体的均衡发展。

全脑型幼师健美操模式教材内容分为:全脑型基本方位动作组合;全脑型身体动作组合;全脑型队列动作组合;全脑型跳跃动作组合;全脑型身体素质能力健身操;全脑型活力健身球操;全脑型扇子节奏健身操等;现将这几套健美操的教学模式介绍如下:

一、全脑型方位动作组合

全脑型方位动作组合,主要是让学生通过上肢左右、右左动作的控制,强化全脑思维意识,特别是左臂协调性强化的训练,通过训练学生能做到灵活运用左侧肢体的各种动作,并能协调完成各种动作,为其他套路动作学习打好基础。

教学目的

1. 明确学习的目的，了解手臂各方位动作的内容及其动作要点。

2. 通过训练，培养学生动作的控制力，建立左手臂动作在先的意识。

3. 加强学生动作的反应能力和协调能力的培养，为下面的学习内容打好基础。

4. 通过各动作的学习调动学生学习的积极性。

◆ **动作方法：** **第一个八拍动作**

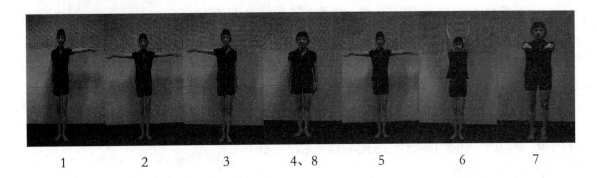

| 1 | 2 | 3 | 4、8 | 5 | 6 | 7 |

1—两腿直立，左臂侧平举。

2—右臂侧平举。

3—左臂还原。

4—右臂还原。

5—两臂侧平举（五指并拢，掌心向下）。

6—两臂上举（掌心相对）。

7—两臂前平举（掌心向下）。

8—两臂还原体侧。

● **第二个八拍同第一个八拍动作，但方向相反。**

● **请你注意：**

　　请你注意做动作时的基本手型，也就是要求你做到五指要并拢，手指尖要用力，同时还要注意你身体正确姿态的保持吆！

动作方法： 第三个八拍动作

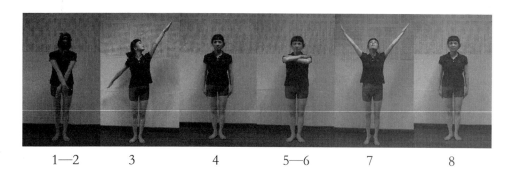

1—2   3   4   5—6   7   8

1—2 两腿直立，同时压脚跟两次，两臂体前交叉摆动两次（稍低头含胸）。

3—两腿直立，同时左臂侧上举，右臂侧下举（眼看左手）。

4—还原成直立。

5—6 两臂胸前屈，小臂交叉（手触肩）。

7—两腿直立起踵，同时两臂侧上举（稍抬头）。

8—两臂经体侧还原。

● 第四个八拍同第三个八拍动作，但方向相反。

以上动作重复做两次。

● 告诉你：

全脑型健美操身体动作组合练习，可以说是学好全脑型健美操的第二步。身体动作的各套组合，它有着不同的作用与特点，在选择学习时，要根据自己的发展要求和要得到的目标进行有针对性的选择练习，这样才能取得好的练习效果。

二、身体动作组合

"身体动作组合1"是由几个有规律的左右边动作组合起来的一串动作。这套组合动作主要是发展学生动作的协调性和动作的能力。"身体动作组合2"，则是强调了左边动作重点的强化，并带有一些不协调动作的伴随与变化，左边小动作的重复，方向的变化，以及左边动作的改变与右边动作的不统一、不对称等，目的是加重左侧肢体的动作强化与训练。而"身体动作组合3"，则是以左右双边肢体的配合与协调发展为主，从而达到发展全脑的目的。

教学目的

1．让学生了解和明确3套身体动作组合的内容及不同的特点和学习目的。

2．"身体动作组合1"是以培养学生记忆动作的能力和发展协调能力为主的练习。

3．通过"身体动作组合2"培养学生左侧肢体的动作意识和用左侧肢体操作的能力，开发右脑的思维和支配的能力。

4．通过"身体动作组合3"发展学生全脑的思维能力和支配双肢体的灵活运用以及创新的能力。

5．通过实验，培养学生良好的学习习惯和全脑型开发的思维方式，掌握各种双侧肢体操作的能力。

◆ **身体动作组合1　第一个八拍动作**

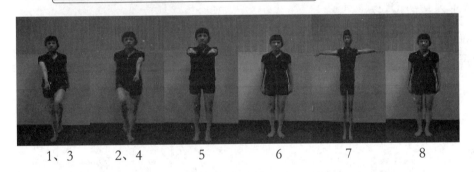

| 1、3 | 2、4 | 5 | 6 | 7 | 8 |

1—4左脚开始原地踏四步，同时两臂前后摆动。

5— 两腿直立起踵，同时两臂前举。

6— 还原成直立。

7— 起踵，同时两臂侧平举。

8— 还原成直立。

◆ **身体动作组合1　第二个八拍动作**

| 1、3 | 2、4 | 5 | 6 | 7 | 8 |

1—4同第一个八拍的1—4动作。

5— 左脚踏一步，同时左臂胸前平屈。

6— 右脚踏一步，同时右臂胸前平屈。

7— 左脚踏一步，同时左臂还原。

8— 右脚踏一步，同时右臂还原。

✦ **身体动作组合1** **第三个八拍动作**

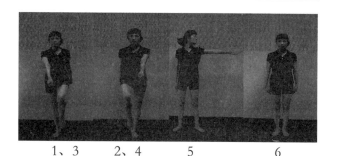

1、3　　2、4　　5　　　　6

1—4同第一个八拍的1—4动作。

5— 左脚侧出一步，同时左臂侧平举（头向左转）。

6— 左脚收回，还原成直立。

7—8同5—6动作，但方向相反。

● 提示你：

踏步抬腿要稍高，两手握拳前后摆，侧举转头要迅速，左右转髋臂内旋，大脑积极思维好，连接动作不出错。你做我看学的快，相互评价质量高。

✦ **身体动作组合1** **第四个八拍动作**

1、3　　2、4　　5—6　　7—8

1—4同第一个八拍的1—4动作。

5—6左脚向前做小搓步两次，同时两臂体侧屈向内旋摆（身体稍向右转动）。

7—8同5—6动作，但方向相反。

● **第五至第八个八拍同第一至第四个八拍动作，重复做一次。**

◇ 身体动作组合2　第一个八拍动作

1—2　　3　　哒　　4　　5　　6　　7—8

1—2左脚原地点地两次，同时右腿稍屈膝，两手叉腰（身体稍前倾）。

3—左脚向前小踹踢。

哒—左脚落地，同时右脚原地踏点一次。

4—左脚侧出一步，同时左臂侧举。

5—两腿稍屈膝，同时左臂胸前平屈。

6—小跳成并立，同时左臂上举。

7—8还原成直立。

● 你体验到了吗?

这一组动作几乎都是以左侧肢体为主的练习，可能感觉有一定的难度，但只要你能坚持不懈地练习，就会做的顺利自如，同时对你右脑的开发起到积极的作用。练习前最好是先思考，再做动作。

◇ 身体动作组合2　第二个八拍动作

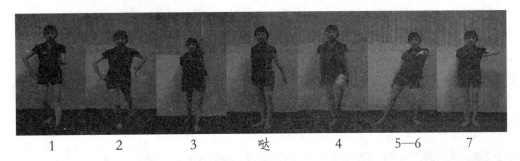

1　　2　　3　　哒　　4　　5—6　　7

1—左腿前伸脚跟着地，同时右腿稍屈膝，左臂侧屈前摆（分指掌），右手叉腰。

2—左腿后伸脚尖点地，同时左臂后摆提肘。

3—左脚向前一步，同时左臂向上伸。

哒—右脚并左脚，同时左臂向下摆动（身体稍向右转）。

4—左脚原地踏一步，同时两臂还原体侧。

5—6左腿侧出一步成弓步，同时左臂前举。

7—左脚收回直立，同时左臂胸前屈扩胸一次。

8—还原成直立。

◆ **身体动作组合2**　**第三个八拍动作**

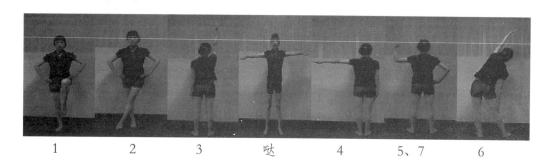

| 1 | 2 | 3 | 哒 | 4 | 5、7 | 6 |

1—左腿屈膝90度抬起，同时两手叉腰。

2—左脚落至右脚前交叉。

3—身体向右转体180度，同时右臂上举。

哒—跳成两腿开立，同时两臂侧平举。

4—跳成并立，同时右臂还原。

5—脚侧出一步，同时左臂肩侧屈（握拳），右手叉腰。

6—上体向右侧屈，左臂上伸。

7—同5动作。

8—还原成直立。

● 提示你：

做抬腿及交叉转体动作时，要注意上体姿态的正直，在始终保持正确优美的身体姿态的同时还要用你的右脑积极地思维和操作动作。你能做得到吗？请你试试看。

◆ **身体动作组合2**　**第四个八拍动作**

| 1 | 2 | 3 | 4 | 5 | 6 | 7 |

1— 以右腿为轴向右转体180度，两腿稍屈膝下蹲，同时左臂侧举。

2— 两腿直立，同时右臂侧举。

3— 左臂侧屈手触肩，同时右臂还原。

4— 右臂侧屈手触肩。

5— 两臂上举头上击掌。

6—7 两臂经侧由后向前摆至前平举。

8— 还原成直立。

● 第五至第八个八拍同第一至第四个八拍动作，重复做一次。

◆ 身体动作组合3　第一个八拍动作

| 1、3 | 2、4 | 5 | 6 | 7 | 8 |

1—4左脚开始原地高抬腿踏四步，同时两臂前后屈摆。

5— 左脚向侧前出一步（走"V"字步的第一步），同时左臂侧平举。

6— 右脚向侧前出一步，同时右臂侧平举。

7— 左脚退还原，同时左臂还原体侧。

8— 右脚退还原，同时右臂还原体侧。

◆ 身体动作组合3　第二个八拍动作

| 1、3 | 2、4 | 5、6 | 7、8 |

1—4同第一个八拍的1—4动作。

5—6左脚向前做点步一次，同时两臂体侧内旋摆动，左髋向前顶（身体稍向右转动）。

7—8同5—6动作，但方向相反。

● **给你帮助：**

跳跃动作要做到落地要轻，练习时你只要把思考的重点放在上肢动作上，下肢动作比较简单，同时还要注意动作的节奏是一拍一动的方式进行的，你还可以两人组合起来练习互做、互提示、互纠正动作。

◆ **身体动作组合3　　第三个八拍动作**

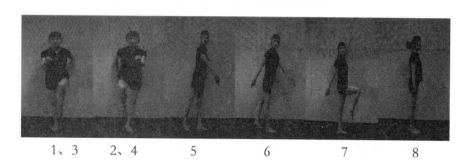

1、3　　2、4　　　5　　　　6　　　　7　　　　8

1—4同第一个八拍的1—4动作。

5—6左脚开始向左走两步，同时身体向左转体90度，两臂前后直摆。

7— 左腿直立，右腿屈膝90度抬起，同时左臂上举，右臂下摆，头右转。

8—右腿落地还原直立。

第四个八拍同第三个八拍动作，但方向相反。

第五至第八个八拍同第一至第四个八拍动作，但方向相反。

● **你能小结吗？**

全脑型健美操的组合动作已经告一段落，你有哪些收获？特别是你的左侧肢体动作是否有了一定的改善与提高，你能通过下面的评价标准给自己评价一下吗？你还可以同同学们一起表演、一起观摩、一起交流、一起分析、一起研究、一起创新，相互评价，共同享受全脑型健美操组合练习给大家带来的收获与快乐！

全脑型手臂方位组合、身体动作组合练习评价标准

优	良	中	差
左侧肢体动作规范协调、力度感、节奏感、表现等综合能力很强，并有很好的创新能力。	左侧肢体动作基本规范协调、力度感、节奏感、表现等综合能力较强，并有好的创新能力。	左侧肢体动作较规范协调、力度感、节奏感、表现等综合能力一般，创新能力一般。	左侧肢体动作不规范协调、力度感、节奏感、表现等综合能力差，创新能力差。

三、全脑型队列动作组合模式

全脑型队列动作组合模式是将四人组成一个小集体，在音乐伴奏下进行的原地向左、右转体动作、行进间动作、同时还伴随一些队形的变化，如：四方形、三角形、圆形、横队、纵队以及双人各种交换位置跳跃的不断变化，组成的队列动作模式。其主要目的是让学生积极地思维、观察、记忆、反应等，从而让大脑充分地参与运动，开发全脑的智能，达到全脑开发的目的。

教学方法

1. 可让学生自己看书，培养自学的能力和思考的能力。

2. 让学生将自学的结果通过小组的形式，进行讨论、研究、展示和评价等。

3. 让学生自愿组成四人小组，在大家面前进行展示，通过展示进行评价，并鼓励展示的同学，同时找出优点与不足，提高学习的效果。

4. 在此基础上，教师进行讲解与示范，从而启发和帮助学生的思维方式，培养学生的思维能力，开发全脑的思维能力和控制动作及队形变化的能力。

5. 最后待动作队形熟练和巩固后，选择合适的音乐进行配音乐的练习，从而更加激发学生练习的兴趣，提高学习效果和全脑的开发。

教学提示

1．把四人分别用一、二、三、四号的站位安排好。

2．将每一个组合动作队形搞清楚。

3．在记忆动作的同时，要记住队形的变化。

4．练习时四人可以用口令也可以用队形提示的方法；动作熟练后还可配有节奏的音乐进行。

◆ 第一组动作　第一个八拍动作

　　预备　　　　　1—8

1—8左脚开始原地踏步，同时两手握拳前后摆动。

第二、三、四个八拍同第一个八拍动作。

◆ 第二组动作　第一个八拍动作

　　1、2　　　　3、4　　　　5、6　　　　7、8

1—8左脚开始原地踏步，同时两手握拳前后摆动，第一拍时身体向左转体90度。

第二、三、四个八拍同第一个八拍动作。

第三组动作（走四方形）　第一个八拍动作

1、2　　　3、4　　　5、6　　　7、8

1—8一、二号位面对面交叉走，三、四号位面对面交叉走（左肩交叉走过），同时两臂前后直摆。

第三组动作（走四方形）　第二个八拍动作

1、2　　　3、4　　　5、6　　　7、8

1—8一、四号位面对面交叉走，二、三号位面对面交叉走（左肩交叉走过），同时两臂前后直摆。

第三组动作（走四方形）　第三个八拍动作

1、2　　　3、4　　　5、6　　　7、8

1—8一、二号位面对面交叉走，三、四号位面对面交叉走（左肩交叉走过），同时两臂前后直摆。

第三组动作（走四方形）　第四个八拍动作

1、2　　　3、4　　　5、6　　　7、8

1—8一、四号位面对面交叉走，二、三号位面对面交叉走（左肩交叉走过），同时两臂前后直摆。

第四组动作（走三角形）　第一个八拍动作

1、2　　　3、4　　　5、6　　　7、8

1—8一、三号位面对面交叉走，左肩交叉走过，同时两臂前后直摆，二、四号位原地踏步两次，左臂胸前平屈，再踏步两次，左臂摆至侧举。

第四组动作（走三角形）　第二个八拍动作

1—8二、四号位走对角线（左肩交叉走过），同时一、三号位原地踏步四拍，5—8拍时胸前击掌四次。第三、四个八拍同第一、二个八拍动作，重复做一次。

● 练习提示：

走队形时一定要注意两人的排面对齐，做到整齐划一，在动作的过程中，还可以相互提示动作与下一个队形的变化。并且还要保持正确的身体姿态，注意表现力的培养。

◆ 第五组动作（走小纵横排队形）　第一个八拍动作

| 1、2 | 3、4 | 5、6 | 7、8 |

1—8一、三号位向右前方，二、四号位向左前方走成一路纵队，同时两臂前后摆动。

◆ 第五组动作（走小纵横排队形）　第二个八拍动作

1、3、5、7　　2、4、6、8

1—8四人向左转90度原地踏步，同时两臂前后摆动。

请你体验

体验一下，当你用左臂摆动时，你能控制好左侧举的手臂吗？再体验一下有意识用右脑支配你的左侧肢体，当你能够很好地控制左侧肢体的动作时，你的右脑也得到了开发。

✦ **第五组动作（走小纵横排队形）**　　**第三个八拍动作**

1、3、5、7　　2、4、6、8

　　1—8以二、四号位人的中间为圆心，一、三号位向前走，二、四号位向后退成横排。

✦ **第五组动作（走小纵横排队形）**　　**第四个八拍动作**

1、3、5、7　　2、4、6、8

　　1—8四人向右转体踏步，同时两臂前后摆动。

问一问

　　你发现了吗？每一次的交叉队形都是以左肩交叉走过的，从四方形到三角形以及小纵队到小横队的变化。因此，练习时要随时提示同伴，不要从一个空档里走进两个人，要交叉地跟进。扇面转走时，里面的两个人不要走得太快，要考虑到排面的整齐和一致性。

◆ 第六组动作（走圆形）　第一个八拍动作

1、3、5　　2、4、6　　7　　8

1—8四人左脚开始向左走圆形，同时两手侧拉。

● 第二个八拍同第一个八拍动作。

◆ 第六组动作（走圆形）　第三个八拍动作

1、3　　2、4　　5、6、7　　8

1—8四人踏步走回原位（四方形）。

● 第四个八拍同第三个八拍动作。

● 练习提示

　　在拉圆队形时，四人除了手拉手成一个圆形外，最重要的是四人的左脚一定要向外侧前迈出，同时双肩要展开，不能转肩，臂要拉直，向左右走时，都是里脚向前交叉，点地时身体前倾，两腿稍屈膝。请你体验，也可能会找出更好、更美观的动作方法。

◆ 第七组动作（跑跳动作）　第一个八拍动作

1、3、5　　2、4、6　　7　　8

1—8一、三号位面对面跑跳步向右跳转360度，同时右肘相搭，左手叉腰，二、四号位原地做跑跳步，两臂屈肘前后摆动。

◆ 第七组动作（跑跳动作）　第二个八拍动作

1、3、5　　2、4、6　　　7　　　　8

1—8二、四号位面对面跑跳步向左跳转360度，同时右肘相搭，左手叉腰，一、三号位原地做跑跳步，两臂屈肘前后摆动。

● 第三、四个八拍同第一、二个八拍动作，重复一遍。

● 练习提示

做跳跃动作，是在跑跳步的基础上进行的，它要求你全脑的支配与运用，控制你的双侧肢体，特别是左侧肢体的运用，同时还要控制上肢的各部位动作变化。学习时，你可以先做好跑跳步，再控制上肢的部位动作，待动作熟练后，再连接上下肢体的动作及队形的变化，就能够保持动作组合的质量，从而提高右脑的功能。

◆ 第七组动作（跑跳动作）　第五个八拍动作

1、3、5　　2、4、6　　　7　　　　8

1—8一、二号位，三、四号位面对面向左跑跳步跳转360度，同时两人右肘相搭，左臂侧上举。

◆ **第七组动作（跑跳动作）　第六个八拍动作**

1、3、5　　　2、4、6　　　　7　　　　　8

1—8一、二号位，三、四号位面对面向右跑跳步跳转360度，同时两人左肘相搭，右臂侧上举。

◆ **第七组动作（跑跳动作）　第七个八拍动作**

1、3、5　　　2、4、6　　　　7　　　　　8

1—8一、四号位，二、三号位面对面向左跑跳步跳转360度，同时两人右肘相搭，左手触肩。

◆ **第七组动作（跑跳动作）　第八个八拍动作**

1、3、5　　　2、4、6　　　　7　　　　　8

1—8一、四号位，二、三号位面对面向右跑跳步跳转360度，同时两人右肘相搭，左手触肩。

● 练习提示

你是怎样安排队形人员的？在一般队列动作组合的练习中，一般是将一名素质好的学生安排在一号位置上，但全脑型队列练习时要求将每一个位置的学生都在练习的过程中进行各种不同位置的变化，使每一个学生都能得到右脑的开发和左肢体的锻炼，使全脑积极参与完成整套动作与队形。

◆ **第八组动作（整理动作）**　**第一个八拍动作**

| 1、3 | 2、4 | 5、6 | 7、8 |

1—4四人左脚开始向左走四步，同时两臂前后摆动。

5— 四人左腿侧伸，脚跟着地，同时两手背后，身体稍向左转（眼看前方）。

6— 四人收回左脚，同时身体转正。

7— 同5动作，但方向相反。

8— 还原成直立。

● **第二个八拍同第一个八拍动作，但方向相反。**

◆ **第八组动作（整理动作）**　**第三个八拍动作**

| 1、3 | 2、4 | 5、6 | 7、8 |

1—8四人回位（成四方形），原地踏步。

第八组动作（整理动作）　　**第四个八拍动作**

| 1、3 | 2、4 | 5、7 | 6、8 |

1—8四人以（四方形）中心点踏步成小密集队形，第八拍时成还原直立。

学会呼吸方法

　　全脑型跳跃队列套路的跳跃组合共有八个八拍的动作及队形组成，要有一个高质量的结果就必须要学会合理的呼吸，要注意在跳动当中的积极性呼吸与休息，也就是说呼吸要均匀，有节奏，要与动作和队形协调地配合在一起，就不会感觉很累了。你是这样做的吗？你还有好方法吗？

告诉你

　　全脑型队列健美操的整理运动也是针对和锻炼右脑思维的一节运动，它要求学生不仅学会简单的动作，同时还伴随两脚的不断的改变，以及队形的变化反应左右脑的积极参与和思维，协同配合才能支配四肢完成动作的准确性与规范性，需要四人不断地反复练习第七组动作强化右脑的思维带动动作与队形至最后结束。

全脑型队列动作组合模式评价标准

优	良	中	差
动作规范，队形准确到位，力度感、节奏感、协调性、配合能力很强，有很好的综合表现能力。	动作基本规范，队形基本到位，力度感、节奏感、协调性、配合能力较强，有一定的综合表现能力。	动作表现一般，队形到位一般，力度感、节奏感、协调性、配合能力一般，综合表现能力一般。	动作表现较差，队形到位较差，力度感、节奏感、协调性、配合能力较差，综合表现能力差。

评价目的

当你学完了全脑型队列健美操之后，一定要进行自我与同伴的小结，要评价自己和同伴的学习成绩，评价的目的不只是看到自己动作和队形掌握得好与差，而更重要的是自我感觉和评价自己的反应能力，大脑的思维能力、特别是左侧肢体的操作能力，以及对每一个动作和队形的及时变化是否能做到准确无误，并能及时提示同伴共同顺利完成套路，也可参照评价表。

全脑型队列组合模式学习结束后，你应该对自己和同伴进行认真的总结。总结的形式可以采取换位置的操练动作、也可以进行以左侧肢体为主的动作创新等，看谁做的好、创新的多。

四、 全脑型身体素质能力健美操

身体素质能力健美操，是在学生学习全脑型健美操的基础上创编的练习内容，它不仅能使身体的各部位的关节、韧带、肌肉得到发展，提高肌肉的弹性和关节的灵活性，而且对于发展学生的记忆、思维、想象、创新等形象思维有着重要的作用。身体素质能力健美操还能有效地提高人体机能、增强体质，使健美外形、身体机能与心理品质协调统一，从而促使学生的双侧肢体运动和左右脑的健康发展。

学习目的

1. 通过不加手臂的动作练习，让学生先记忆下肢各种不同的动作，让学生用脑单纯地记住下肢的动作，从而发展学生的耐力和跳跃的能力。

2. 在以上内容的基础上加大了学生用脑难度，要求学生不仅能顺利完成各种跳跃动作，还要配合上肢不同动作，特别是左侧肢体动作的控制与右侧肢体动作的衔接配合。

3. 通过练习，加强学生右脑的开发及全脑型的智能与能力，发展学生的协调性、灵活性、反应能力和上下肢的配合能力。

动作方法

◇ **第一节：准备动作：4×8拍**　**第一个八拍动作**

1—8

1—8左脚开始原地踏步，同时两臂屈前后摆动。

● **第二个八拍同第一个八拍动作，但向左转90度。**

● **第三、四个八拍同第二个八拍动作。**

◇ **第二节：4×8拍**　**第一个八拍动作**

1、3、5　　2、4、6　　7　　8

1—6左脚开始向前走六步，同时两臂前后屈摆。

7— 跳成两腿屈膝左右分腿落地，同时两手叉腰。

8— 跳还原成直立。

● **第二个八拍同第一个八拍动作，但方向相反。**

● **第三、四个八拍同第一、二个八拍动作。**

第三节：4×8拍　第一个八拍动作

1　2　3　4

1—原地跳一次，同时左腿屈膝90度抬起，两手叉腰。

2—原地跳一次，同时左腿还原。

3—4同1—2动作。

5—8同1—4动作。

● 第二、三、四个八拍同第一个八拍动作。

第四节：4×8拍　第一个八拍动作

1、3　5　7　2、4、6、8

1—跳成两腿左右开立，同时两手叉腰。

2—跳成两腿并立。

3—4同1—2动作。

5— 左腿用左脚跟带动向前踹踢。

6— 跳还原。

7— 左脚用左脚跟带动向侧踹踢。

8— 跳成还原直立。

● 第二个八拍同第一个八拍动作，但方向相反。

● 第三、四个八拍同第一、二个八拍动作。

◆ **第五节：8×8拍　第一个八拍动作**

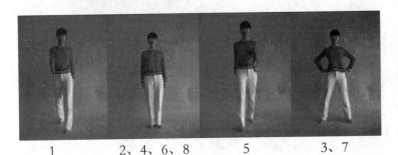

1　　　2、4、6、8　　　5　　　3、7

1—跳成左脚前、右脚后落地，同时左臂后、右臂前摆动（并指掌）。

2—跳成还原直立。

3—跳成左右分腿开立，同时两手叉腰。

4—跳成还原直立。

5—跳成右脚前、左脚后落地，同时左臂前、右臂后摆动（并指掌）。

6—跳成还原直立。

7—跳成左右分腿开立，同时两手叉腰。

8—跳成还原直立。

◆ **第五节：8×8拍　第二个八拍动作**

1、3、5、7　　　2、4、6、8

1—原地跳起，同时左腿屈膝90度侧抬起，两手叉腰。

2—跳成两腿并立。

3—8同1—2动作。

● 第三、四个八拍同第一、二个八拍动作，但方向相反。

● 第五至第八个八拍同第一至第四个八拍动作。

◆ **第六节：4×8拍** **第一个八拍动作**

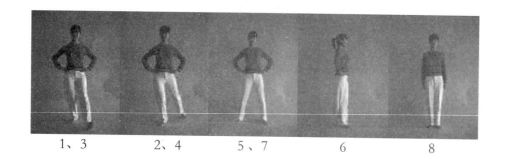

| 1、3 | 2、4 | 5、7 | 6 | 8 |

1—跳成右腿稍屈膝，同时左腿前伸脚跟点地，两手叉腰。

2— 跳成左脚后伸脚尖点地。

3—4同1—2动作。

5— 跳成两腿左右开立。

6— 跳成向左转体90度，同时左腿前右腿后交叉落地。

7— 同5动作。

8— 跳成还原直立。

● 第二个八拍同第一个八拍动作，但左右脚互换，继续向左转体90度。

● 第三、四个八拍同第一、二个八拍动作。

● 全脑型素质健美操练习提示：

　　全脑型素质健美操的练习，主要是在全面发展身体素质的基础上侧重学生左侧肢体动作的强化，通过左侧肢体和双侧肢体长期配合训练，使左侧肢体动作能够灵活的运用，反应快、记忆牢、在动作灵活的基础上开发右脑的潜能，增强和提高学生的身体素质，为将来的幼儿教育事业奠定基础和做好准备。

◆ **第七节：8×8拍** **第一个八拍动作**

| 1、3 | 2 | 5 | 7 | 4、6、8 |

1—跳成两腿左右开立，同时两手叉腰。

2— 跳成左腿前、右腿后交叉落地。

3— 同1动作。

4— 跳成还原直立。

5— 跳成右腿侧前伸脚跟着地，同时左腿稍屈膝。

6— 跳成还原直立。

7—右腿向右侧45度方向踢跳一次。

8— 跳成还原直立。

第七节：8×8拍　第二个八拍动作

1—4　　　　5—7　　　　　8

1—两腿向前小跳一次，同时两手叉腰。

2—两腿向后小跳一次。

3—两腿向左侧小跳一次。

4—两腿向右侧小跳一次。

5—7两腿先后着地左右并跳三次。

8— 跳成还原直立。

● 第三、四个八拍同第一、二个八拍动作，但方向相反。

● 第五至第八个八拍同第一至第四个八拍动作。

你知道吗？

　　由于人们长期的习惯造成了用右手和右脚的习惯动作，做健美操也是同样，从表面上看是一种习惯，但从生理上和人脑的开发与运用上说，是我们的右脑长期以来没有得到重视和还没有很好地利用，从而造成了左手笨拙，右脑不能积极思维支配各种活动。因此，在全脑型素质健美操的训练过程中，一定要在左侧肢体动作组合中多次重复地练习，通过这些动作练习就能不断刺激右脑的神经，激活右脑的每一个细胞，让他们积极参与活动，就能开发我们的右脑。

◇ 第八节：4×8拍　　第一个八拍动作

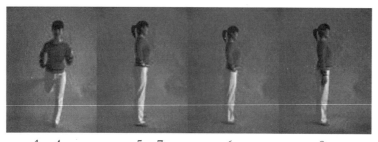

1—4　　　　5、7　　　　6　　　　8

1—4左脚开始原地后踢腿跑跳四次，同时两臂前后自然摆动。

5—向左转体90度，同时跳成两腿左右开立，两手叉腰。

6—跳成还原并立。

7—同5动作。

8—跳成还原直立。

● 第二、三、四个八拍同第一个八拍动作。

◇ 第九节：4×8拍　　第一个八拍动作

1　　　　2　　　　3　　　　4

1—原地跳一次，同时左脚跟带动向前踢一次，两手叉腰。

2—跳成并立。

3—右腿前踢。

4—跳成并立。

5—8同1—4动作。

● 第二个八拍同第一个八拍动作。

● 第三、四个八拍左脚原地踏步两个八拍，同时两臂直摆结束。

评价提示

在学习全脑型素质健美操结束后，一定要进行一次认真的学习小结，评价自己的学习效果。在评价时，一方面要看到自己身体素质的提高程度，另一方面还要评价自己掌握动作的情况，但更主要的是评价自己左侧肢体动作的掌握与提高。评价的方法有很多，可以从自己开始练习时的情况看，自己对动作的认识与掌握，再看练习过程的程度，最后进行结果评价，评价对自己将来的发展有好处。

身体素质能力健身操评价标准

优	良	中	差
左侧肢体动作规范协调，节奏感、力度感及综合表现力很强，有很好的思维记忆能力。	左侧肢体动作较规范协调，节奏感、力度感及综合表现力较强，有较好的思维记忆能力。	左侧肢体动作一般，协调性、节奏感、力度感及综合表现一般，思维记忆能力一般。	左侧肢体动作差，协调性、节奏感、力度感及综合表现差，思维记忆能力差。

五、全脑型活力健身球操

全脑型活力健身球操，是通过身体的各部位的操练和手持健身球的各种动作的控制与操练，最后经过反复地练习达到均衡开发学生全脑智能和双侧肢体的运动潜能的目的。

全脑型活力健身球操，共由七个组合动作组成，全套操需用4分58秒完成。操的整个过程除了球的基本动作及身体主要部位穴位敲击外，还包括身体的转动和方向的变化，同时还

告诉你

你将要进入全脑型体育教学模式新成套动作内容的学习阶段，是要求你用双手持健身球这种轻器械进行的操练，你愿意学吗？通过这次内容的学习，相信你的右脑会得到更进一步的发展与开发，使得左侧肢体变得更加灵活，你会变得更加聪明。

有一些集体动作配合与造型，特别突出了左手与右脑协调配合动作的练习，表现出现代青年在欢快音乐的伴奏下，双侧肢体的优美动作与健康的体态。现将成套操的动作介绍如下：

第一个组合动作：6×8拍　第一个至第四个八拍动作

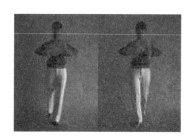

1—8

进场全体密集队形，空三个八拍，第四个八拍的第一拍两手持球于胸前向前走。

第一个组合动作：6×8拍　第五个八拍动作

1—2　　　　3—4　　　　5—8

1—4原地踏四步，同时两臂侧后摆动。

5—8原地踏四步，同时两臂胸前平屈（两花变成一朵花）。

第一个组合动作：6×8拍　第六个八拍动作

1—4　　　　5—8

1—4向前走四步散开成花点队形，同时两臂上举向前振动手腕四次。

5—8向前走四步继续队形到位，同时两臂经侧打开匀速还原体侧。

请你体验

　　全脑型活力健身球操，是一套特殊全脑运动的健身健美操，整套操有一定的难度。它不仅要进行一些重在左侧肢体的单个动作和组合动作以及右侧肢体的各种动作的操练，还要求双手持一根有松紧带缠绕的健身球，进行各种动作的练习。学习时，一定不能着急，要先了解整套操的动作特点、结构，然后进行基本动作的学习，如：原地踏步的各部位击打球，单手持球击打各部位、双手击打各部位，逐渐地过渡到进行成套动作及双侧肢体动作的学习，这样就能比较顺利地学习动作和掌握动作了，请你体验吧。

◆ **第二个组合动作：10×8拍**　　**第一个八拍动作**

1—8

1—8身体直立，压脚跟弹动八次。

◆ **第二个组合动作：10×8拍**　　**第二个八拍动作**

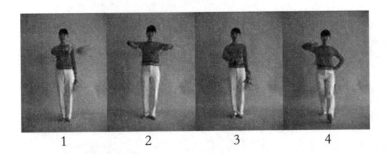

1　　　　2　　　　3　　　　4

1—压脚跟弹动一次，同时右手持球击左背。

2—压脚跟弹动一次，同时两手持球体侧屈击后背一次。

3— 压脚跟弹动一次，同时左臂还原，右手持球击左肋。

4— 左腿前伸脚跟着地，右腿稍屈膝，左手体侧屈击后背，右手肩上屈击后背。

5—8同1—4动作，但方向相反。

● 第三个八拍同第一个八拍动作，重复做一遍。

学习提示

在全脑型健身球的双人动作的配合中，既要注意个人动作的完成，还要照顾到对方的队形变化，这里要提到的是不能因为队形的变化而降低了动作的质量，特别是左手持球的敲击动作，要在保证动作质量的前提下进行队形的变化，你能做得到吗？

◆ **第二个组合动作：10×8拍**　　**第四个八拍动作**

1—8

1—8左脚侧出一步成侧弓步，同时右手持球经侧匀速举起至侧上举。（眼看右手）

◆ **第二个组合动作：10×8拍**　　**第五个八拍动作**

1—6　　　7—8

1—6下肢不动，同时右臂经侧向下匀速还原。

7—8左脚收回还原成直立。

● 第六个八拍同第一个八拍动作。

● 第七个八拍同第二个八拍动作，但方向相反。

- 第八个八拍同第三个八拍动作。
- 第九个八拍同第四个八拍动作，但方向相反。
- 第十个八拍同第五个八拍动作，但方向相反。

◆ **第三个组合动作：4×8拍** **第一个八拍动作**

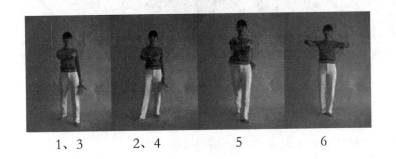

1、3   2、4   5   6

1—左脚向左前出一步，同时右手持球击左背。

2—右脚向右前出一步。

3—4同1—2动作，但退回原位做。

5—左脚向前一步，同时两手胸前交叉双击两背。

6—右脚跟并左脚，同时两手侧打开双击两背。

7—8同5—6动作。

- 第二个八拍同第一个八拍动作，但方向相反。

知识窗 KNOWLEDGE WINDOW

　　健美操是在音乐的伴奏下进行的身体各部位的练习，可以说音乐是健美操的灵魂，没有音乐的健美操是不完美的。而全脑型健美操的锻炼，我们说可以没有音乐的伴随，但是只要你熟练和巩固了成套的动作后，如果是没有采用音乐的配合，那你就会感到动作的枯燥与乏味，也就失去学习的激情。为此，我们还是提倡在完成、熟练、巩固全脑型健身球操后，就可以选用适合本套健身球操的音乐进行配合练习了，这样全脑型健身球操做起来不仅能自娱自乐，还能促使右脑活性化。

◆ **第三个组合动作：4×8拍**　　**第三个八拍动作**

1—2　　　3—4　　　5—6　　　7　　　8

1—2左脚向左前一步，右腿屈膝抬起，同时两手持球侧平举，手腕向后绕环两周。

3—4右脚向左脚前交叉落地，同时两手胸前交叉双击两背一次。

5—6左脚侧出一小步，右脚侧出一步，同时两臂侧打开双击两背一次。

7—左腿前伸脚跟着地，右腿稍屈膝，同时左臂体侧屈右臂肩侧击后背。

8— 跳成还原成直立。

● **第四个八拍同第三个八拍动作，但方向相反。**

◆ **第四个组合动作：12×8拍**　　**第一个八拍动作**

1、3　　　2、4　　　5—6　　　7—8

1—左脚向前一步，同时两手将手柄合拢，双球击左背一次。

2—右脚向左脚前交叉，同时双球击右背一次。

3—同1动作。

4—同2动作。

5—6左脚侧出一步向左顶髋，同时两臂体前屈向左环绕球（手腕绕动）。

7—8向右顶髋，同时两臂体前屈，向左环绕球一周。

◆ **第四个组合动作：12×8拍** **第二个八拍动作**

1—2　　　　3—4　　　　5—6

　　1—2左脚向前做并步一次，同时两臂经前由屈向前伸至前平举，两手向外绕腕将球绳绕至手腕上，手持花根。

　　3—4左脚侧出一大步，同时两臂侧打开成侧平举。

　　5—6上体前屈，同时左臂侧屈（肘向上提），右臂向下伸，身体左转90度。

　　7—8同5—6动作，但方向相反。

◆ **第四个组合动作：12×8拍** **第三个八拍动作**

1　　　　2、4　　　　3　　　　7—8

　　1—右腿稍屈膝，身体向左转体45度，同时两臂胸前交叉双击两背一次。

　　2—两臂侧打开肩侧屈，双击两背一次。

　　3—两臂体前交叉双击两肋一次。

　　4—两臂侧打开双击两肋一次。

　　5—6同1—2的上肢动作。

　　7—8小跳成还原直立。

◆ **第四个组合动作：12×8拍** 第四个八拍动作

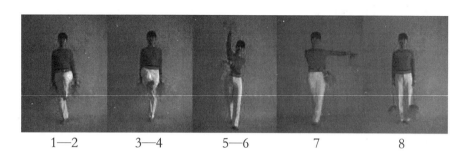

1—2   3—4   5—6   7   8

1—2原地小跳一下，左腿屈膝90度抬起，同时两臂至体侧手腕向外绕环将绳绕至手腕上（手持花球根）。

3—4原地小跳一下，右腿前踢90度。

5—6左脚向前做并步一次，同时左手下右手上做头上的匀手，第6拍时两臂成侧平举。

7—左脚向前一小步，同时左臂摆至侧平举，右手击左髋部一次。

8—右脚并左脚，还原成直立。

◆ **第四个组合动作：12×8拍** 第五个八拍动作

1   2

1—左脚向左侧蹬出一步，身体向左转体90度，同时两臂摆至侧平举。

2—右脚并左脚稍屈膝，同时两臂摆至体前交叉。

3— 同1动作。

4— 同2动作。

5—8同1—4动作。

● 第六个八拍同第五个八拍动作。

● 第七至第十二个八拍同第一至第六个八拍动作，但方向相反。

第五个组合动作：18×8拍   第一个八拍动作

1—2   5   6   8

1—2左脚向左出一大步成侧弓步，同时左臂肩侧屈击后背一次，右臂体侧屈击左髋部一次。

3—4同1—2动作，但方向相反。

5— 左腿稍屈膝，右腿伸直脚跟着地，身体右转45度，同时左臂肩侧屈击左背，右臂体侧屈击右背一次。

6— 右脚后伸脚尖点地，同时两臂交换。

7— 同5动作。

8— 右脚收回成还原直立。

第五个组合动作：18×8拍   第二个八拍动作

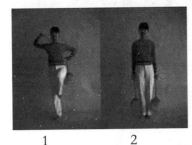

1   2

1— 左腿屈膝90度抬起，右腿直立，同时左臂体侧屈击左背，右臂肩侧屈击右背。

2—小跳成还原直立。

3—4同1—2动作，但方向相反。

5—6同1—2动作。

7—8同3—4动作。

● **你能做得到吗**？

你在做抬腿绕球时，左臂是否能与右臂同时进行向前绕动？当你用左脚支撑时，能保持上体的稳定吗？当脚落地时上体的动作能接的协调和美观吗？你的左侧肢体动作准确与规范吗？请检验一下你的脑思维能力及左侧肢体的表现。

◆ **第五个组合动作：18×8拍   第三个八拍动作**

1—2   3—4   5   6

1—2右脚向右斜方做并步一次，同时两臂侧平举（眼看前方）。

3—4左腿屈膝90度抬起，右腿直立起踵，同时两臂胸前交叉屈击后背一次。

5— 左脚后撤一步屈膝，右腿伸直脚跟着地（勾脚尖），同时右臂体侧屈击左背，左臂肩侧屈击右背。

6— 两臂胸前交叉击后背。

7—同5动作。

8— 同6动作。

◆ **第五个组合动作：18×8拍   第四个八拍动作**

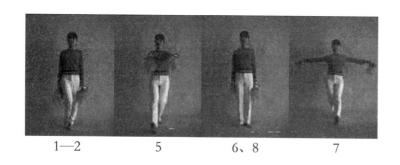

1—2   5   6、8   7

1—2右脚收回（按右脚、左脚、右脚的顺序快速踏三次），同时两手将球绳绕至手腕上。

3—4同1—2动作，只是左脚开始踏（左脚、右脚、左脚快速踏三下）。

5—左腿稍屈膝，右脚前伸脚跟点地，同时两臂前平举（手持球根）。

6—右脚收回还原成直立。

7—左脚前伸脚跟着地，右腿稍屈膝，同时两臂侧平举。

8—左脚收回还原成直立。

◆ 第五个组合动作：18×8拍　　第五个八拍动作

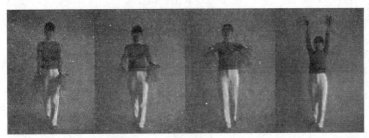

1—8

1—8左脚开始向前走八步，同时两臂经后向前上匀速摆起至上举（眼随手），同时可以变队形，如：圆。

◆ 第五个组合动作：18×8拍　　第六个八拍动作

1—2　　　　3—4

1—2左脚侧一步两腿屈伸一次向左移重心，同时两臂侧上举，身体向左倾。

3—4向右移动一次。

5—8同1—4动作。

◆ **第五个组合动作：18×8拍   第七个八拍动作**

1—8

1—8左脚向后退走两拍一步（退四步），同时小碎步向后转体180度，两手持球于胸前，此时可以变队形，如：双圆。

● 第八个八拍同第六个八拍动作。

● 第九、十个八拍动作：做两个八拍的跑跳步，此时可以变队形，身体动作不变，如：八字队形等。

◆ **第五个组合动作：18×8拍   第十一个八拍动作**

1   2   3—4

1— 左脚做一次跑跳步，同时左手持球根于腰间，右臂胸前屈击左背。

2— 右脚做一次跑跳步，同时右臂肩前屈击右背。

3—4左右脚做两次跑跳步，同时右臂上举手向外绕环两次（将球绳放开）。

5—8同1—4动作。

● 第十二个八拍同第十一个八拍动作，此时可变成花点队形。

第五个组合动作：18×8拍　第十三个八拍动作

1—2　　　　3—4　　　　5—6　　　　7—8

1—2小跳一次成全蹲，同时两手扶膝含胸低头。

3—4小跳成两腿开立，同时身体直立，两臂至体侧。

5—6左脚并右脚稍屈膝（髋向右转），同时两臂成侧平举。

7—8左腿直右腿稍屈（髋向左转）。

- 第十四个八拍同第十三个八拍动作，但方向相反。

- 第十五至十八个八拍同第一至第四个八拍动作，但方向相反。

第六个组合动作：6×8拍　第一个八拍动作

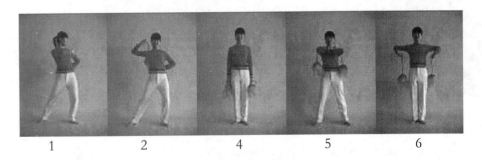

1　　　　2　　　　4　　　　5　　　　6

1— 两人一组，出里腿成弓步，同时双人里手背后，外臂胸前屈击里背。

2— 双人外臂体侧屈击外背。

3— 同1动作。

4— 跳成直立。

5— 双人跳成开立，同时两臂胸前交叉击双背。

6— 跳成并立，同时两臂肩打开侧屈击两背。

7— 同5动作。

8— 同6动作。

◆ **第六个组合动作：6×8拍**　　**第二个八拍动作**

1—2　　　3—4　　　7—8

1—2双人里脚侧出一步屈膝弹动右脚跟并，同时两手至两腹侧（双人对看）。

3—4同1—2动作，只是左侧的人在前、右侧的人在后，变成一路纵队（眼看前方）。

5—6同1—2动作，但向左转体90度（头向右转）。

7—8原地做两次踏点步，上体动作不变。

◆ **第六个组合动作：6×8拍**　　**第三个八拍动作**

1—4　　　5—8

1—4前面的人向后退做踏点步两次，后面的人向前做踏点步两次（变成两路）。

5—8双人向右转体90度，左边的人上、右边的人退（成一条线，眼看前方），做两次踏点步。

第四至第六个八拍同第一至第三个八拍动作，但方向相反，到第六个八拍的5—8拍时将球绳绕至手腕上。

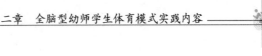

第七个组合动作：7×8拍　　第一个八拍动作

| 1—2 | 3—4 | 5 | 6 | 7—8 |

1—2左腿稍屈膝，右脚在左脚前点地两次，同时身体向左转体45度，上体稍前倾，两手持球两臂向下屈伸两次。

3—4右脚向左侧一步，左脚跟出侧一步，同时两臂经胸前屈向侧经屈臂拉至侧上举（身体转正）。

5— 跳成并腿直立，同时两臂胸前屈交叉双击两背。

6— 跳成开立，同时两臂肩侧屈双击两背。

7—8跳成并立，同时两臂还原体侧。

第七个组合动作：7×8拍　　第二个八拍动作

| 1、3—4 | 2 | 5 | 7 | 8 |

1—跳成并立稍屈膝，同时向左转体45度，两臂肩前屈双击背部。

2—原地跳一次腿伸直，同时两臂向前摆至前平举（球向前甩）。

3—4原地并脚跳两次，同时两臂同1—2的臂部动作。

5— 左脚后踢腿跳一次，同时左臂还原，右臂胸前屈击左背。

6— 同5动作，但方向相反。

7— 跳成开立，同时身体转正，两臂打开体侧屈双击两肋。

8— 跳成还原直立。

◆ **第七个组合动作：7×8拍**　　　**第三个八拍动作**

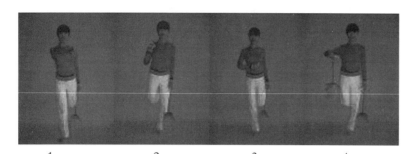

1　　　　　2　　　　　3　　　　　4

1—左脚后踢腿跳一次，同时右臂胸前屈击左背。

2—右脚后踢腿跳一次，同时右臂肩前屈击右背。

3—左脚后踢腿跳一次，同时右臂体前屈击左肋。

4—右脚后踢腿跳一次，同时右臂体侧屈击右肋。

5—8右臂还原同时，左臂做右臂的动作。

◆ **第七个组合动作：7×8拍**　　　**第四个八拍动作**

1、3　　　　2、4、6　　　　5

1—原地跳成左脚前右脚后落地，同时两臂至体侧将绳绕至手腕上。

2—跳成并立，同时两手持球根。

3—跳成左右分腿开立。

4—跳成并立。

5—跳成左右分腿开立，同时两臂经腹前交叉，向外摆绕至侧平举。

6—跳成并立，同时两臂经侧还原。

7—8同5—6动作。

● 第五至第七个八拍同第二至第四个八拍动作，但方向相反。

第八个组合动作：16×8拍 **第一个八拍动作**

1—2   5—8

1—2左脚向左侧并步屈伸一次，同时左臂体前向外绕环一次。

3—4同1—2动作。

5—8右脚原地走"十字步"，同时左手持球各击右、左背，右、左肋一次。

第八个组合动作：16×8拍 **第二个八拍动作**

1—2   5—6   7   8

1—2左腿稍屈膝，右腿前伸脚跟着地，同时两臂胸前屈交叉双击两背一次。

3—4同1—2但是两腿交换动作。

5—6两腿屈伸一次，同时两臂经体前交叉敲击大腿两次。

7—两臂摆至侧上举，抖动球花一次。

8—还原直立。

● 第三、四个八拍同第一、二个八拍动作，但方向相反。

◆ **第八个组合动作：16×8拍** **第五个八拍动作**

1—8

1—8身体直立，同时弹动脚腕八次。

◆ **第八个组合动作：16×8拍** **第六个八拍动作**

1—8

1—8左脚侧出一步成侧弓步，同时上体向左倾，右臂经侧缓缓举起（花球花头向上，眼看右侧）。

◆ **第八个组合动作：16×8拍** **第七个八拍动作**

1—6 7—8

1—6左臂缓缓向下摆动。

7—8左脚收回还原成直立。

- 第八个八拍同第五个八拍动作。
- 第九、十个八拍同第六、七个八拍动作，方向相反。
- 第十一至第十六个八拍动作是退场结束。

 评价提示

在全脑型素质健美操学习结束后，要认真进行一次学习小结，评价自己的学习效果。在评价时，一方面检验自己身体素质的提高程度，另一方面要衡量一下自己对于动作的掌握程度，更主要的是观测自己左侧肢体动作的掌握与提高程度。

评价的方法有很多，可参考自己开始练习时的情况，对动作的认识与掌握，再结合练习过程中各方面的改善，对自己进行客观的评价，并找出进一步提高的方法。

全脑型活力健身球操评价标准

优	良	中	差
左手持球动作准确、灵活，力度感、节奏感强、动作自如连贯、综合能力很强。	左手持球动作较准确、灵活，力度感、节奏感较强、动作较连贯、综合能力较强。	左手持球动作准确性、灵活性一般，力度感、节奏感一般、动作基本连贯、综合能力一般。	左手持球动作准确性、灵活性差，力度感、节奏感差、动作不连贯、综合能力差。

六、全脑型扇子节奏健身操

全脑型扇子节奏健身操，是根据扇子的特点和幼师学生的生理和心理特点以及全脑型发展的需要创编的，这套操与健身球锻炼的目的相似，不同之处是在于动员双侧肢体的运动神经的同时，充分利用手的感觉，包括指尖的压迫感觉、运动感觉以及手腕、手指与手指之间的运动感受。并通过手持扇子的开合等动作的控制与操练来刺激大脑，锻炼大脑。

全脑型扇子健身操，共由六个组合动作组成，并加有一组调整动作，共三十三个八拍动作，全套操需用3分45秒左右完成。操的整个过程除了扇子的一般基本动作及身体主要部位的练习外，还包括了身体的转动和方向的变化，同时还有一些集体动作的配合与造型，尤其突出了左手与右脑协调配合。在优美音乐伴奏下所进行的扇子健身操，看上去动作优美，双侧肢体协调舒展，强化了大脑对双侧肢体的协调控制能力，从而达到促进全脑开发的目的。

教学提示

1.持扇子的左手腕一定要放松，保持腕关节的灵活性。

2.当左手打开扇子时，控制扇面的主要手指是小拇指。

3.用左手做头上的托绕动作时，一定要用大拇指和食指来控制扇面的方向。

4.做左手持扇侧举的动作时，要求用五指将扇头握紧。

5.做持扇的原地踏步动作，同时要将扇头持紧，不能上下松弛地摆动。

动作中持扇的手腕一定不能紧张，只有手腕放松，才能做到绕动幅度大，而又好看；控制扇面主要是靠手指，特别是侧举臂的扇面指向方向要靠手指控制。所以，最好是将扇子的一边贴近小臂，这样就能控制好扇面了，特别要注意充分锻炼大脑的支配力。

◆ **第一个组合动作：8×8拍** **第一个八拍动作**

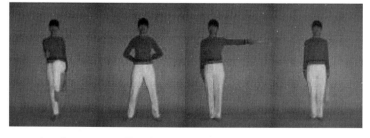

1—4   5—6   7   8

1—4 原地踏四步，左手持扇。

5—6 向左一步，同时两手背后。

7—还原，左臂侧举。

8—左臂还原。

◆ **第一个组合动作：8×8拍**　**第二个八拍动作**

　　7　　　　　8

1—4同第一个八拍的1—4动作。

5—6同第一个八拍的5—6动作，但出右脚。

7— 还原，同时左臂上举。

8— 左臂侧举还原。

● 第三、四个八拍同第一、二个八拍动作。

◆ **第一个组合动作：8×8拍**　**第五个八拍动作**

　1—4　　　　5—6　　　　7—8

1—4 两人小碎步向中靠拢，同时两手胸前平屈。

5—6 左脚侧出一步成左弓步，同时左手持扇经下摆至侧举（眼看左手）。

7—8 左脚收回还原。

◇ **第一个组合动作：8×8拍** **第六个八拍动作**

1—4　　　5—6　　　7—8

1—4 两人小碎步变成一排（左边的人在前），同时两手胸前平屈持扇。

5—6 前边的人右弓步，后边的人左弓步。

7—8 还原成直立。

◇ **第一个组合动作：8×8拍** **第七个八拍动作**

1—4

1—4 两人原地碎步，同时向左转体90度。

5—8 同1—4动作。

● 第八个八拍同第七个八拍动作。

◆ 第二个组合动作：4×8拍　　第一个八拍动作

1—4　　　　5　　　　6　　　　7　　　　8

1—4走四步回原位，同时两人外手持扇、由下向外摆至侧举开扇。

5— 左脚向左前上一步，同时合扇击打右小臂。

6— 右脚向右前上一步，同时再击打小臂一次（走"V"字步）。

7—左脚还原，同时再击打小臂一次。

8—右脚并回，同时两臂还原。

● 第二、三、四个八拍同第一个八拍动作，但每次都向左转体90度。

◆ 调整动作：1×8拍

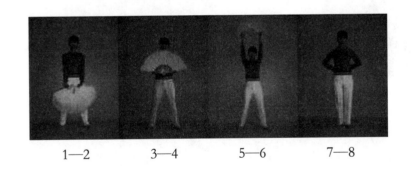

1—2　　　3—4　　　5—6　　　7—8

1—2左脚向左出一步，压脚跟两次，同时两臂体前持扇（扇面向前）。

3—4继续压脚跟两次，同时两臂胸前平举（扇面向前）。

5—6继续压脚跟两次，同时两臂上举（扇面朝前）。

7—8左脚收回还原直立，同时两手背后。

第三个组合动作：4×8拍 **第一个八拍动作**

1—2   3—4   5—6   7—8

1—2 左脚向侧前一步成左弓步，同时右手持扇斜后举，左手叉腰。

3—4 右腿稍屈膝，左腿伸直，同时右臂前斜上举。

5—6 变成左弓步，同时右手将扇在体前打开（手向外翻）。

7—8 左脚收回还原直立（将扇传给左手）。

第三个组合动作：4×8拍 **第二个八拍动作**

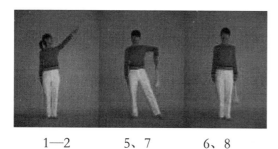

1—2   5、7   6、8

1—2 左臂斜上举（眼看左手）。

3—4 同1—2动作，但方向相反。

5—左脚侧出一小步（脚尖点地），同时左臂肩侧屈。

6—还原直立。

7—同5动作，但方向相反。

8—还原直立。

● 第三、四个八拍同第一、二个八拍动作，但方向相反。

● **音乐选择提示：**

　　大家都知道健美操分为徒手和轻器械两部分，徒手健美操的音乐选择可根据健美操的特点，选择速度稍快的音乐进行练习，而轻器械健美操就不能选用太快的音乐进行配合练习。为此，我们在选择音乐时，要选择那些速度适中、节奏感强、与所练习的健美操内容相匹配的音乐，才能保证其动作的质量，提高练习效果。

◆ **第四个组合动作：8×8拍　第一个八拍动作**

1—4　　　5—8

　　1—4两人互换位置左边人右手持扇，右边人左手持扇走四步同时，开扇由下慢慢摆至侧上举。

　　5—8原地踏四次，同时握扇手由下在头顶绕环（变完队行后右边的人是右手持扇，左边的人是左手持扇）。

◆ **第四个组合动作：8×8拍　第二个八拍动作**

1—2　　　3—4　　　　　5—8

　　1—2左右两人相互出里脚，脚跟点地，同时两手握扇柄（相对开扇）。

　　3—4同1—2动作，但方向相反。

　　5—8两人均从外侧转一圈（留头），同时两手背后。

第四个组合动作：8×8拍　　第三个八拍动作

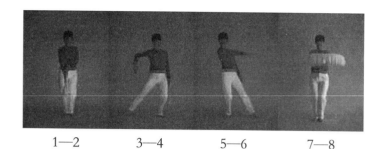

1—2　　　　3—4　　　　5—6　　　　7—8

1—2 两腿稍屈膝弹动两次，同时左手持扇打右手心两次。

3—4 左脚向左一步，右脚尖点地，同时右臂体侧屈肘。

5—6 左脚尖点地，同时右臂向左侧伸。

7—8 左脚收回，两腿稍屈膝，同时左臂胸前平屈开扇，右臂胸前立屈。

第四个组合动作：8×8拍　　第四个八拍动作

1、3　　　　2、4　　　　5　　　　6、8　　　　7

1— 两腿跳分开，同时左臂向前平举合扇。

2— 两腿跳合并，同时左臂收回。

3—4 同1—2动作。

5— 两腿跳分开，同时左臂侧平举。

6— 两腿跳合并，同时左臂收回，从后把扇子给右手。

7— 两腿跳分开，同时右臂侧平举。

8— 两腿跳合并，同时右臂收回，从后把扇子给左手。

● 第五至第八个八拍同第一至第四个八拍动作，但方向相反，扇子均回左手。

● **练习提示**

　　跳跃运动的变化比较多，因此，要求你有一个提前思考的习惯，也就是说当你做第一个动作的开始，就必须有意识地想下一个动作，一个一个动作地提前思考，才有连接好整个跳跃组合。在思考的同时你还要注意控制好你左手持扇子的意识，起初要做到轻松愉快、运用自如是很难的，反复练习后才可能取得较好效果。

◇ **第五个组合动作：4×8拍　第一个八拍动作**

1　　　　2　　　　5—8

　　1—踏步一次，同时左臂前举开扇，右臂胸前平屈。

　　2—继续踏步，右臂不动，左臂胸前屈。

　　3—4动作不变，继续踏步两次。

　　5—8前后两人换位置，前边人扇子由上往下摆，后边人扇子由下往上摆走（变成四个人一组，左前为一号位，右前为二号位，左后为三号位，右后为四号位，以下动作一号位和四号位动作同步，二号位和三号位动作同步）。

◇ **第五个组合动作：4×8拍　第二个八拍动作**

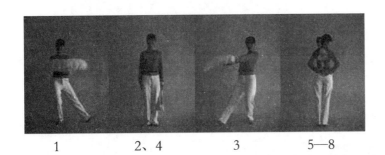

1　　　　2、4　　　　3　　　　5—8

　　一、四号位：

　　1—左脚向左一步脚跟点地，右腿稍屈膝，同时两臂前举两手握扇柄开扇。

　　2—左脚收回还原直立。

3—4同1—2动作，但方向相反。

5—8向左转体360度，同时两手身后握扇（留头）。

二、三号位：

1—2   3—4

1—2原地踏两步，同时左手持扇至头上绕一环。

3—4原地踏两步，同时左臂还原直立。

5—8同1—4动作。

◆ **第五个组合动作：4×8拍**   **第三个八拍动作**

1—4   5—7   8

一、四号位：

1—4两人互换位置，右手持扇由下慢慢摆至侧上举。

5—7左脚踏步，同时左臂上举在头上绕环。

8—还原直立。

二、三号位同一、四号位第二个八拍动作。

◆ **第五个组合动作：4×8拍**   **第四个八拍动作**

一、四号位同二、三号位第二个八拍动作。

二、三号位同一、四号位第三个八拍动作。

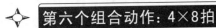

第六个组合动作：4×8拍　第一个八拍动作

| 1—4 | 5 | 6 | 8 |

1—4（全体）原地踏步四次，左手持扇。

5—两腿跳分开，同时左手将扇子在眼前打开。

6—两腿跳合并，同时左手将扇子合上。

7—同5动作。

8—跳成还原直立。

第六个组合动作：4×8拍　第二个八拍动作（四人向中间集合）

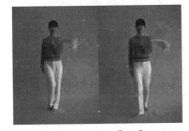

| 1—2 | 5—8 |

1—2左脚侧出一小步，右脚跟并，同时扇子向左倒。

3—4同1—2动作，但方向相反。

5—8四个人左脚开始向中间走，同时扇子往外翻。

● 第三个八拍同第二个八拍动作，但右边两个人先往右边走，四个人回原位。

第六个组合动作：4×8拍　第四个八拍动作

1—2　　　　5—6

1—2（全体）右脚抬起（1拍抬，2拍放），左脚跳着往后退，同时左手持扇子从后向前顺序自然摆动。

3—4同1—2动作。

5—6右脚抬起，同时右臂向右甩。

7—8同5—6动作（直到退场结束）。

KNOWLEDGE　知识窗　WINDOW

　　现代社会强烈要求的是创新能力。什么是创新能力？它实际上就是把头脑中那些传统上被认为毫无关系的情报信息联结、联系起来，用来解决新问题、创造新东西的能力。人是不能创造信息的，所谓创造也就是对已掌握的知识、信息加以重新组合，用以解决新问题的过程。我们的右脑就是我们储存信息的仓库。假如右脑无大量的信息储存，创造力也就无从谈起。欲求不断有新的设想产生，就必须充分地使用我们的右脑。

　　所以我们常常强调要开发右脑潜能，注重"直觉"、"一闪念"的重要性。这种"直觉"、"一闪念"的产生，就是右脑直观、综合、形象的思维在发挥作用。

● 学习与评价：

扇子健身操学习结束后，要求你进行一次简单的自我评价。评价时不仅仅要看到自己成套动作的完成程度，更主要的是自测左侧肢体学习后协调性、灵活性、反应能力、应变能力，特别是左手持扇子的操作能力与学习前进行比较，测查你是否能在音乐的伴奏下进行顺利的学习或是表演。在评价自己的同时，还可以进行同学之间的相互评价，提高成套动作的质量。

全脑型扇子节奏健身操评价标准

优	良	中	差
左侧肢体动作规范，左手持扇子开合节奏有力，完成套路质量很高，综合表现能力很强。	左侧肢体动作较规范，左手持扇子开合节奏较有力，完成套路质量较高，综合表现能力较强。	左侧肢体动作一般，左手持扇子开合节奏一般，完成套路质量一般，综合表现能力一般。	左侧肢体动作差，左手持扇子开合节奏差，完成套路质量差，综合表现能力差。

知识窗 KNOWLEDGE WINDOW

十五年内世界将有一次大变革：人脑将与电脑相接。

据来自美国的一个消息称，英国的科学家正在致力于一项研究，科学家可以在十五年内把人脑与电脑直接连接起来。

英国《独立报》日前报道，由英国科克伦教授所进行的研究显示，在2020年，科学家能够将硒晶片植入人脑中，方法可能是透过在硒片上植入神经细胞。报道说，假如接植成功，人们甚至可以把储有《大英百科全书》资料的电脑芯片植入头部，这样就等于是可随身携带着整套《大英百科全书》。

七、全脑型姿态健美操

全脑型姿态健美操，是以双侧肢体操作为主的健身体操。它是在基本动作和组合动作的练习基础上进行的，有的组合动作还是以突出左侧肢体为主，通过练习不仅要培养学生优美的姿态，同时发展学生的思维与想象力，开发学生的全脑。

教学提示

1.学习前首先要认真学习动作方法，明确每一节动作的运动轨迹，看懂图片的示范动作。

2.认真体验每一节动作，先做分解动作，然后将动作组合连贯起来进行练习，并不断巩固与练习。

3.在以上练习的基础上，进行成套操的练习，并能自选一段较合适的音乐配合练习。

4.进行一段时间练习和巩固后，可进行自我评价与相互评价。

动作方法

◆ **第一个组合动作：16×8拍　第一个八拍动作**

| 1 | 2、4 | 3 | 5—7 | 8 |

1—左脚侧出一步，同时左臂侧平举，右手叉腰（眼看左方）。

2—左脚收回还原直立。

3—右脚侧出脚尖点地，同时两手叉腰。

4—右脚收回还原直立。

5—7左脚开始原地踏三步。

8—还原直立。

● 第二个八拍同第一个八拍动作，但方向相反。

| 第一个组合动作：16×8拍 | 第三个八拍动作 |

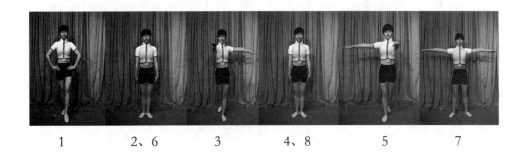

1　　　2、6　　　3　　　4、8　　　5　　　7

1—左腿前伸，脚尖点地，同时两手叉腰。

2—左脚收回还原直立。

3—左腿向前迈一步，重心前移，同时左臂侧举，右臂前平举。

4—左脚收回还原直立。

5—同3动作，但方向相反。

6—右脚收回还原直立。

7—左脚侧出一步，同时两臂侧平举。

8—左脚收回还原直立。

● 第四个八拍同第三个八拍动作，但方向相反。

◆ **第一个组合动作：16×8拍**　　**第五个八拍动作**

　　1、2　　　　3、4　　　6、8　　　　5　　　　　7

1—2右脚开始向左后转体走180度，同时两手叉腰。

3—4再继续转体走180度。

5—右腿屈膝抬起。

6—右腿还原直立。

7—同5动作，但方向相反。

8—还原直立。

● 第六个八拍同第五个八拍动作，但方向相反。

◆ **第一个组合动作：16×8拍**　　**第七个八拍动作**

　　1、.3　　　　2、4　　　5、7　　　6、8

1—左腿侧出一步，向左顶髋，同时左手叉腰，右臂腹前屈（分指掌），向上摆动。

2—向右顶髋，同时右臂向下摆动。

3—4同1—2动作。

5—8同1—4动作，但方向相反。

● 第八个八拍同第七个八拍动作，但方向相反。

● 第九至十六个八拍同第一至八个八拍动作，重复做一遍。

◆ 第二个组合动作：10×8拍　第一个八拍动作

1—2　　　　3—4　　　　5　　　　　7　　　　　6、8

1—2左脚侧出一步稍屈膝下蹲，同时两手叉腰。

3—4两腿直立。

5—左腿前弹踢。

6—左腿还原。

7—右腿前弹踢。

8—还原直立。

◆ 第二个组合动作：10×8拍　第二个八拍动作

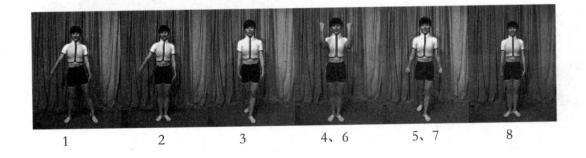

1　　　　　2　　　　　3　　　　4、6　　　5、7　　　　8

1—左腿侧伸脚尖点地，同时右臂侧摆至侧下举（五指并拢，掌心向后）。

2—左脚收回。

3—左脚前迈一步，重心前移，同时右臂还原。

4—左脚收回直立，同时两臂肩前屈（握拳稍内扣）。

5—左脚前迈一步，重心前移，同时两臂向后摆动。

6—左脚收回直立，同时两臂肩前屈用力震动一次（握拳稍内扣）。

7—同5动作。

8—还原成直立。

第二个组合动作：10×8拍　第三个八拍动作

1—2　　3—4　　5—6　　7—8

1—2左脚侧出一步，同时两臂侧平举。

3—4右脚向左前迈出一步，身体向左转体180度，同时两臂胸前屈小臂交叉。

5—6左脚侧出一步，身体向右再转体180度，同时两臂打开至侧平举。

7—8左脚收回还原成直立。

● 第四至六个八拍同第一至三个八拍动作，但方向相反。

第二个组合动作：10×8拍　第七个八拍动作

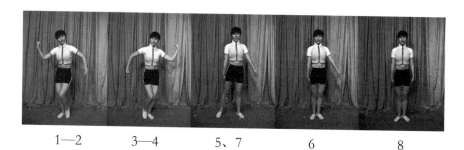

1—2　　3—4　　5、7　　6　　8

1—2左脚在右脚侧稍屈膝顶髋两次，同时左臂体侧屈，右臂肩侧屈（握拳内旋）。

3—4同1—2动作，但方向相反。

5—左脚侧出一步，同时两臂侧下举震动手腕一次（分指掌）。

6—左脚收回，同时再震动手腕一次。

7—同5动作。

8—还原成直立。

◆ **第二个组合动作：10×8拍** **第八个八拍动作**

1—2　　　3—4　　　5—6　　　7—8

1—2左脚向前一步做前点步，同时两手叉腰。

3—4左脚向后做后点步，同时两臂还原。

5—6两腿直立，同时两臂侧平举。

7—8还原成直立。

● 第九、十个八拍同第七、八个八拍动作，但方向相反。

◆ **第三个组合动作：8×8拍** **第一个八拍动作**

1、3　　　2、4　　　5—6　　　7　　　　8

1—并腿跳起成分腿落地，同时两臂侧平举。

2—跳成还原直立。

3—4同1—2动作，重复做一遍。

5—6两腿稍屈膝小跳两次，同时两臂体前屈向下震动两次（握拳，稍低头）。

7—并腿跳起成分腿落地，同时两臂前平举。

8—跳成还原直立。

◆ **第三个组合动作：8×8拍   第二个八拍动作**

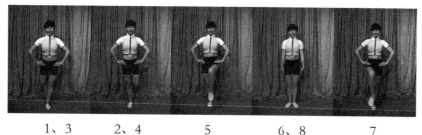

1、3   2、4   5   6、8   7

1—4左脚开始原地后踢腿跑跳四次，同时两手叉腰。

5—原地跳起同时左腿屈膝抬起90度。

6—跳成还原直立。

7—原地跳起同时右腿屈膝抬起90度。

8—跳成还原直立。

● **第三、四个八拍动作同第一、二个八拍动作，但方向相反。**

◆ **第三个组合动作：8×8拍   第五个八拍动作**

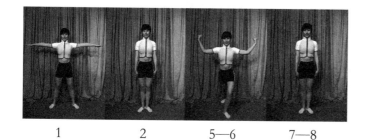

1   2   5—6   7—8

1—并腿跳起成分腿落地，同时两臂侧平举。

2—跳成还原直立。

3—4同1—2动作。

5—6跳成左腿前右腿后弓步落地，同时两臂肩侧屈（握拳稍内扣）。

7—8跳成还原直立。

◆ **第三个组合动作：8×8拍** **第六个八拍动作**

1、3　　2、4　　5、7　　6　　8

1—4左脚开始原地后踢腿跑跳四次，同时两手叉腰。

5—左腿向前直踢跳一次。

6—右腿向前直踢跳一次。

7—同5动作。

8—还原成直立。

● 第七、八个八拍同第五、六个八拍动作，但方向相反。

◆ **第四个组合动作：10×8拍** **第一个八拍动作**

1、3　　2、4　　5—6　　7—8

1—4左脚原地开始踏四步，同时两臂屈肘前后摆动。

5—6左脚向前做一次并步，同时左臂侧摆，右臂前摆至平举。

7—8同5—6动作，但方向相反。

◆ **第四个组合动作：10×8拍** **第二个八拍动作**

1—4　　5—6　　7—8

1—4左脚原地开始踏四步，同时两臂屈肘前后摆动。

5—6左脚侧出一步，右脚跟并脚尖点地，同时两手叉腰。

7—8同5—6动作，但方向相反。

● 第三、四个八拍同第一、二个八拍动作，但方向相反。

◆ 第四个组合动作：10×8拍　　第五个八拍动作

1—4　　　　　5—6　　　　7————8

1—4左脚原地开始踏四步，同时两臂屈肘前后摆动。

5—6左脚侧出一步，同时两臂缓缓摆起至侧平举。

7—8左脚收回，同时两臂还原成直立。

● 第六至第十个八拍同第一至第五个八拍动作，但方向相反。

请你体验

　　学习一个阶段后，你有何感受？你是否认为全脑型姿态健美操的内容看上去不是很难，但是一旦操作起来，还是很难对吧？其实，全脑型的各种健美操最难的并不是操的本身，而是持之以恒地坚持练习，你说对吗？我们都是成长中的青少年，已有了一定的控制力，想要有一个健康完美的身体，想要使你的大脑有超出常人的智能，那就必须要坚持不懈地学习和进行全脑型健美操的锻炼，你才有可能充分地开发你的左右脑，才有可能更加聪明，才有可能实现你远大的理想。记住这句名言吧，"在科学的道路上没有平坦的路可走，只有攀登的人才能到达光辉的顶点"。

自学评价标准

内容 标准	组合动作	左侧肢体动作	动作力度	与音乐配合
优	自学能力强，能顺利找到好的学习方法，能在很短的时间内学会动作组合。	左侧肢体动作自如，能很好地表现出左侧肢体的各种动作位置与造型。	动作准确到位，力度感强，并能出色地表现出自己的风格与特色。	能很好地理解音乐的内涵，准确掌握音乐的节奏与速度，能与音乐协同完成成套动作。
良	自学能力较强，能找到较好的学习方法，能在较短的时间内学会动作组合。	左侧肢体动作基本上自如，能较好地表现出左侧肢体的各种动作位置与造型。	动作基本到位，力度感较强，并能够表现出自己的风格与特色。	能较好地理解音乐的内涵，较好地掌握音乐的节奏与速度，较好地能与音乐协同完成成套动作。
及格	自学能力一般，能找到一种适合的学习方法，能在较长时间内学会动作组合。	左侧肢体动作在帮助下完成，在提示下表现出左侧肢体的几种动作。	动作在提示下能到位，力度感不够强，没有表现出自己的能力与特色。	理解音乐的内涵有限，基本上能与音乐协同完成成套动作。
不及格	自学能力较差，学习方法笨拙，在很长时间内也无法完成动作组合。	左侧肢体动作很差，在提示下完成左侧肢体的一种动作也很难。	动作在提示下也不到位，没有力度感，不能表现自己的能力与特色。	理解音乐的内涵很差，不能与音乐协同完成成套动作。

八、全脑型健身健美操组合

全脑型动作组合是通过以上各方面全脑型身体素质训练以及各类全脑型游戏的练习后，加强全脑型双侧肢体的练习。这套全脑型健美操的最大特点是加强全身部位的动作练习，并伴有协调性、灵活性以及节奏变化的动作反应练习，通过训练加强全脑的积极思维，记忆动作、表现动作，从而使学生发现成套操的规律，提高全脑支配四肢的操作能力，同时加强身体锻炼，增强体质。

 教学提示

1．学习前首先要认真学习动作方法，发现组合动作的规律，特别是腿部动作组合的变化。看懂图片的示范动作。

2．认真体验每一节动作，先做分解下肢腿的基本动作，然后加上肢动作，最后再将动作组合起来进行练习，待动作巩固与熟练。采用累进教学法将一个个组合都加以熟练和巩固。

3．在熟练以上内容的练习基础上，进行成套操的练习，并能自选一段适合的音乐配合练习。

4．进行一段时间的练习和巩固后进行自我评价和同伴的相互评价。

◆ **第一个组合动作：16×8拍** **第一个八拍动作**

| 1、3 | 2、4 | 5—6 | 7—8 |

1—4左脚开始原地踏步四次，同时两臂体侧屈肘前后摆动（握拳）。

5—6左脚侧出一步，同时两臂侧平举（并指掌）。

7—8左脚收回还原成直立。

第一个组合动作：16×8拍　第二个八拍动作

1　　　　2　　　　3　　　5—6　　　7　　　　8

1—两腿稍屈膝下蹲，同时左臂侧下举，右臂侧上举（眼看右手）。

2—两腿直立，同时两臂前举。

3—两腿稍屈膝下蹲，同时两臂上举。

4—同2动作。

5—6两腿直立，同时两臂侧后举。

7—左腿向前迈一步成前弓步，同时两臂侧上举。

8—左脚收回还原成直立。

● 第三、四个八拍同第一、二个八拍动作，但方向相反。

第一个组合动作：16×8拍　第五个八拍动作

1　　　　2　　　　4　　　　5　　　6—7　　　8

1—左脚向前迈一步（稍屈膝），同时两手叉腰。

2—右腿侧伸脚尖点地，左腿稍屈膝，同时头向右转。

3—同1动作，但出右脚。

4—左腿侧伸脚尖点地，右腿稍屈膝。

5—两腿开立，同时臂侧平举。

6—7跳或并立，同时两臂经侧上举，击掌两次。

8—两臂经侧还原成直立。

◆ 第一个组合动作：16×8拍　　第六个八拍动作

5　　　　　6　　　　　7　　　　　8

1—4同第五个八拍的1—4动作。

5—两腿直立，同时两臂前平举。

6—两臂摆至腹前小臂交叉。

7—左腿稍屈膝，右腿前伸脚跟着地，同时左臂侧上举，右臂侧下举。

8—右脚收回还原成直立。

◆ 第一个组合动作：16×8拍　　第七个八拍动作

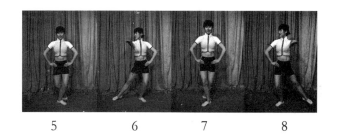

5　　　　　6　　　　　7　　　　　8

1—4同第五个八拍的1—4动作。

5—同1动作。

6—右腿侧伸脚尖点地，同时右臂前平举。

7—同1动作，但方向相反。

8—同6动作，但方向相反。

◆ **第一个组合动作：16×8拍** **第八个八拍动作**

1—4同第五个八拍的1—4动作。

5—左脚前迈一步稍屈膝，同时两臂上举手腕交叉。

6—右腿侧伸脚尖点地，同时两臂摆至侧平举（头向右转）。

7—8同5—6动作，但方向相反。

◆ **第一个组合动作：16×8拍** **第九个八拍动作**

1—左脚向前迈一步稍屈膝，同时两臂上举手腕交叉。

2—右腿侧伸脚尖点地，同时两臂摆至侧平举（头向右转）。

3—4同1—2动作，但方向相反。

5—左脚向前迈一步稍屈膝，同时两臂前举手腕交叉。

6—右腿侧伸脚尖点地，同时两臂肩侧屈（握拳稍内扣）。

7—8同5—6动作，但方向相反。

第一个组合动作：16×8拍　　第十个八拍动作

1　　　2　　　3　　　4　　　5　　　6

1—左脚向前迈一步（稍屈膝），同时两手叉腰。

2—右腿侧伸脚尖点地，同时右臂前平举。

3—同1动作，但方向相反。

4—左腿侧伸脚尖点地，同时两手叉腰，头向右转。

5—左脚向前交叉，同时两臂前平举，手腕交叉。

6—右腿侧伸脚尖点地，同时两臂侧摆至侧平举，头右转。

7—8同5—6动作，但方向相反。

● **第十一至第十六个八拍同第五至第十个八拍动作，但方向相反。**

第二个组合动作：10×8拍　　第一个八拍动作

1　　　2　　　3　　　4　　　5　　　6

1—3左脚开始向左走三步，同时两臂屈肘前后摆动。

4—左腿稍屈膝，右腿后伸脚尖点地，同时两臂屈于腰际。

5—右脚侧出一步，同时左手叉腰，右臂胸前平屈。

6—左脚后交叉，同时右臂打开至侧平举。

7—8同5—6动作，但方向相反。

第二个组合动作：10×8拍　第二个八拍动作

1　　　　2　　　　3　　　　4　　　　5　　　　6

1—3同第一个八拍的1—3动作，但方向相反。

4—同第一个八拍的4动作，但方向相反。

5—同第一个八拍的5动作，但方向相反。

6—右腿后伸脚尖点地，同时左臂侧摆至平举。

7—8同5—6动作，但方向相反。

第二个组合动作：10×8拍　第三个八拍动作

1、3　　2、4　　5　　　6　　　7　　　8

1—4左脚开始向左走三步，同时两臂屈肘前后摆动。

5—右脚侧出一步，同时两臂腹前交叉。

6—左腿稍屈膝，右腿后伸脚尖点地，同时两臂侧上举，身体右转约45度。

7—左脚侧出一步，同时两臂腹前交叉。

8—左脚收回还原成直立。

◆ 第二个组合动作：10×8拍　　第四个八拍动作

1　　　2　　　3　　　4

1—左脚前交叉，同时两臂腹前交叉。

2—两臂侧打开至侧下举。

3—右脚侧出一步，同时左臂胸前平屈，右手叉腰。

4—右腿后伸脚尖点地，同时左臂摆至侧平举。

5—6同1—2动作，但方向相反。

7—8同3—4动作，但方向相反。

◆ 第二个组合动作：10×8拍　　第五个八拍动作

1　　　2　　　3　　　4　　　8

1—左脚侧出一步，同时两臂前平举。

2—左腿后伸脚尖点地，右腿稍屈膝，同时左臂侧摆至平举，右手叉腰。

3—左脚收回，两腿稍屈膝，同时两臂前平举。

4—右腿侧伸脚尖点地，左腿稍屈膝，同时两臂肩侧屈（握拳内扣）。

5—同1动作。

6—同2动作，但方向相反。

7—同3动作。

8—还原成直立。

● 第六至第十个八拍同第一至第五个八拍动作，但方向相反。

第三个组合动作：4×8拍　第一个八拍动作

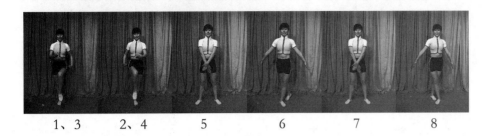

1、3　　2、4　　5　　6　　7　　8

1—4左脚开始原地踏四步，同时两臂前后屈肘摆动。

5—左脚侧出一步，同时两臂体前交叉。

6—右腿后伸脚尖点地，同时两臂摆至侧下举。

7—8同5—6动作，但方向相反。

第三个组合动作：4×8拍　第二个八拍动作

5—6　　7—8

1—4同第一个八拍的1—4动作。

5—6左腿侧伸，右腿稍屈膝，同时两臂缓缓摆起至侧平举。

7—8左脚收回，同时两臂还原体侧。

● **第三、四个八拍同第一、二个八拍动作，但方向相反。**

● **大脑趣事：**

不列颠头脑——每周的广播答题游戏。参加者回答科学和艺术方面的问题。1956年，来自恩克斯市的16岁的恩托尼·卡尔战胜学识渊博的成人，成为最年轻的优胜者。

布汉丹塔·韦斯帕察拉记忆力惊人。1947年5月，他在缅甸仰光就一次背诵16,000页佛经。

克赖拖·卡尔韦洛的记忆极其准确，如同照相一样。1985年3月21日在英国的新马斯俱乐部表演，只看一眼，就记住6副扑克牌共312张牌的排列顺序。

自学评价标准

标准＼内容	组合动作	左侧肢体动作	动作力度	与音乐配合
优	自学能力强，能顺利找到好的学习方法，并能创新学习方法，能在很短的时间内学会动作组合。	左侧肢体动作自如，能很好地表现出左侧肢体的各种动作位置与造型。	动作准确到位，力度感强，并能出色地表现出自己的风格与特色。	能很好地理解音乐的内涵，准确掌握音乐的节奏与速度，能与音乐协同完成成套动作。
良	自学能力较强，能找到较好的学习方法，也能创新一两种学习方法，能在较短的时间内学会动作组合。	左侧肢体动作基本上自如，能较好地表现出左侧肢体的各种动作位置与造型。	动作基本到位，力度感较强，并能够表现出自己的风格与特色。	能较好地理解音乐的内涵，较好地掌握音乐的节奏与速度，能较好地与音乐协同完成成套动作。
及格	自学能力一般，能找到一种学习方法，有创新的欲望，能力有限，能在较长时间内学会动作组合。	左侧肢体动作在帮助下完成，在提示下表现出左侧肢体的几种动作。	动作在提示下能到位，力度感不够强，没有表现出自己的能力与特色。	理解音乐的内涵有限，基本上能与音乐协同完成成套动作。
不及格	自学能力较差，学习方法笨拙，没有创新能力，在很长时间内也无法完成动作组合练习任务。	左侧肢体动作很差，在提示下完成左侧肢体的一种动作也很难。	动作在提示下也不到位，没有力度感，不能表现自己的能力与特色。	理解音乐的内涵很差，不能与音乐协同完成成套动作。

九、全脑型跳跃动作组合

全脑型跳跃组合动作，通过一些简单的跳跃动作，来提高双侧肢体的运动能力，同时跳跃的动作是在几个不同的八拍连接后进行的重复练习，这就给练习者带来一定的难度，必须不断地加强训练，才能增强学生的记忆力、创造力，激发练习兴趣。

教学提示

1．学习前首先要认真学习和研究每一个动作方法，明确每一节动作的运动轨迹和手型，看懂图片的示范动作。

2．认真体验并掌握每一节动作细节，特别是跳跃时，要做的轻松，建议先做分解动作，然后将动作组合连起来进行练习，不断巩固与熟练。采用累进教学法将一个个组合都加以熟练和巩固。

3．在以上练习的基础上，进行成套跳跃操的练习，在做放松组合动作时，要注意呼吸节奏配合，能选择一段较适合自己节奏的音乐配合练习。

4．进行一段时间的练习和巩固后进行自我评价和同伴的相互评价。

◆ **第一个组合动作：4×8拍**　　**第一个八拍动作**

1　　　2　　　3　　　4

1—左脚向前一步，同时两臂向上摆动（握拳）。

2—右脚前迈一步，同时两臂向后摆动。

3—右脚前迈一步，向右转体，同时两臂向上摆动。

4—右腿后伸脚尖点地，同时两臂屈于腰际。

5—8同1—4动作，但方向相反。

第一个组合动作：4×8拍　　第二个八拍动作

1　　　　2　　　　5、7　　　6　　　　8

1—左脚向后撤一步成弓步，同时两臂向上摆至侧上举。

2—左脚收回还原成直立。

3—4同1—2动作，但方向相反。

5—左脚侧出一步，同时两臂前平举。

6—左脚后撤一步成弓步，同时两臂体侧屈握拳至腰际。

7—左脚侧出一步，同时两臂前举。

8—左脚收回还原成直立。

● 第三、四个八拍同第一、二个八拍动作，但方向相反。

第二个组合动作：8×8拍　　第一个八拍动作

1、3　　2、4　　　5　　　6、8　　　7

1—4左脚开始原地做后踢腿跑四次，同时两臂胸前平屈上下震动四次。

5—跳成分腿落地，同时两臂前平举（握拳）。

6—跳成还原直立。

7—并腿跳起成左腿直，右腿屈膝落地，同时两臂肩侧屈。

8—跳成还原直立。

第二个组合动作：8×8拍　第二个八拍动作

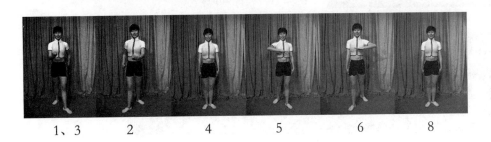

1、3　2　4　5　6　8

1—3并腿跳起成左腿前右腿后，交换跳三次，同时两臂屈肘前后摆动。

4—跳成还原直立。

5—并腿跳起成左腿前右腿后落地，同时右臂胸前平屈。

6—两腿交换跳一次，同时左臂胸前平屈，右臂还原体侧。

7—同5动作。

8—跳成还原直立。

第二个组合动作：8×8拍　第三个八拍动作

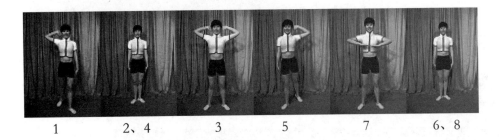

1　2、4　3　5　7　6、8

1—跳成左腿前右腿后落地，同时右手触头后。

2—跳成还原直立。

3—跳成左右分腿落地，同时两手触头后。

4—跳成还原直立。

5—同1动作，但方向相反。

6—跳成还原直立。

7—跳成左右分腿落地，同时两臂胸前平屈。

8—跳成还原直立。

◆ **第二个组合动作：8×8拍**　　**第四个八拍动作**

1　　　　2、4　　　3　　　　5　　　　6、8　　　7

1—并腿跳起成左腿前右腿后落地，身体向右转约45度，同时两臂向后摆动。

2—跳成还原直立。

3—同1动作，但方向相反。

4—跳成还原直立。

5—跳成左腿前、右腿后落地，同时两臂向上摆动（两手握拳）。

6—跳成还原直立。

7—同5动作，但方向相反。

8—跳成还原直立。

● **第五至第八个八拍同第一至第四个八拍动作，但方向相反。**

◆ **第三个组合动作：8×8拍**　　**第一个八拍动作**

1—2　　　3—4　　　5—6　　　　7—8

1—7左脚开始原地踏步，同时左臂向侧缓缓摆起至侧平举。

8—还原成直立。

◆ **第三个组合动作：8×8拍**　**第二个八拍动作**

　1—2　　　3—4　　　　5—6　　　　　　7—8

1—7右脚开始原地踏步，同时右臂向侧缓缓摆起至侧平举。

8—还原成直立。

◆ **第三个组合动作：8×8拍**　**第三个八拍动作**

　　　　1—4　　　　　　　5—8

1—4左脚开始原地踏步，同时左臂向前缓缓摆起至前平举。

5—7继续踏步，同时左臂缓缓摆至体侧。

8—还原成直立。

◆ **第三个组合动作：8×8拍**　**第四个八拍动作**

　　　　1—4　　　　　　　5—8

1—4左脚开始原地踏步，同时左臂向侧缓缓摆起至侧平举。

5—7继续踏步，同时左臂缓缓摆至体侧。

8—还原成直立。

● 第五至第八个八拍同第一至第四个八拍动作，但方向相反。

自学评价标准

内容 标准	组合动作	左侧肢体动作	动作力度	与音乐配合
优	自学能力强，跳跃动作轻松愉快，能顺利找到好的学习方法，能在很短的时间内学会动作组合。	左侧肢体动作自如，能很好地表现出左侧肢体的轻松愉快及各种动作的位置与造型优美。	动作准确到位，跳跃动作力度感很强，并能出色地表现出自己的风格与特色。	能很好地理解音乐的内涵，准确把握音乐的节奏与速度，能与音乐协同轻松地完成成套动作。
良	自学能力较强，跳跃动作基本能轻松愉快，能找到较好的学习方法，能在较短的时间内学会动作组合。	左侧肢体动作基本上自如，能较好地表现出左侧肢体的跳跃到位及各种动作的基本位置与造型。	动作基本到位，跳跃动作力度感较强，并能够表现出自己的风格与特色。	能较好地理解音乐的内涵，较好地掌握音乐的节奏与速度，能较好地与音乐协同完成成套动作。
及格	自学能力一般，跳跃动作基本正确，能找到一种学习方法，能在较长时间内学会动作组合。	左侧肢体动作在帮助下完成，跳跃动作在提示下基本上表现出左侧肢体的几种动作位置与造型。	动作在提示下能到位，跳跃动作力度感不够强，没有表现出自己的能力与特色。	理解音乐的内涵有限，基本上能与音乐配合完成跳跃组合动作。
不及格	自学能力较差，跳跃动作吃力，学习方法笨拙，在很长时间内也无法完成动作组合。	左侧肢体动作很差，在提示下完成左侧肢体的一种跳跃组合，学习很困难。	动作在提示下也不到位，没有力度感，不能表现自己的能力与特色。	理解音乐的内涵很差，不能与音乐配合完成一组跳跃组合动作。

　　我们脑的大部分记忆，是将情景以模糊的图像存入右脑，如同录像带的工作原理一样。信息是以某种图画、形象，像是影片似的记入右脑。所谓思考，就是左脑一边观察右脑所描绘的图像，一边把它符号化、语言化的过程，所以左脑具有很强的工具性，它负责把右脑的形象思维转换成语言。

十、全脑型快乐健美操

　　"快乐健美操"是为发展学生的全脑潜力而创编的不同类型的三套健美操，我们根据学生脑思维的规律和身心特点，做了大量的实地调查研究，并在此基础上，创编出三套适合不同年龄段学生做的健美操。

　　这三套健美操可以采用体操队形进行练习，也可以采用圆形队形进行操练，同时还可以用多人肩搭着肩的形式练习。我们创编这三套操始终依据以下几个原则：

　　● 针对性原则：

　　创编任何一套健美操都要有它的针对性，没有针对性所编的健美操就不可能顺利进行，也不会收到好的学习效果。我们所编的"全脑型快乐健美操"是针对促进学生全脑发展的原则，所编排的动作并不很难，但突出了动作的重复性和动作的记忆性。通过此种练习，使学生在操作动作、记忆动作的同时发展全脑思维能力。

　　● 科学性原则：

　　科学性原则是创编各类健美的依据，没有科学性就失去了所编操的意义，要创编一套健美操，首先要使练习者身体得到全面发展，其次考虑到对象的能力、体力等。在创编这套"全脑型快乐健美操"时，我们针对幼师学生的身体素质和身体条件，以及要达到的目标进行了精心的设计，认真的编排，从而在促进学生全脑发展的同时，提高学生的身心健康水平。

　　● 健身性原则：

　　健身性原则是创编健美操的灵魂，如果体操失去了操的健身性，也就失去了编操的意义，所以我们在为学生编这套"全脑型快乐健美操"时，重点突出了它的健身功能，同时还兼顾培养学生的良好体态和优美身姿。

● **趣味性原则：**

趣味性原则是健美操创编中的一项基本原则，特别是对青少年及儿童体操的创编，就更应突出它的趣味性，拥有趣味性就能激发学生的练习积极性和参与性，就能起到事半功倍的作用。我们创编这套操时，采用多种手段加强它的娱乐性、趣味性，使学生在练习时不但身体得到锻炼，而且还能带来心理的放松与愉悦。

● **"全脑型快乐健美操"整套动作的组成：**

"全脑型快乐健美操"整套动作由三部分组成，即组合动作（一）、组合动作（二）和组合动作（三）。

组合动作（一）是操的开始部分，由二十个八拍动作组成。组合动作（二）是操的主体部分，它包括身体各部位的锻炼，是由七大节，十四小节动作组成。组合动作（三）是操的结束部分，动作比较简单，是对身体进行放松活动，共有四个八拍动作。

教学提示

为了更好地将这些体操教给学生，在这里向教师提供一些教学方法，供大家参考与学习。并在实践中进行摸索与体验。

1．首先看每节拍文字说明，了解和掌握每一节动作，了解体操的结构。

2．教学开始时，想象和体验模仿的内容，在心里建立一个想象的形象，并认真读懂每一节的动作方法说明，体验每一节动作的运动轨迹，并尝试着将其画入空格内。

3．教学时可先将动作进行分解，如先教上肢动作，待熟悉后，再教下肢动作，然后再进行上下肢的连接练习。

4．当动作都熟练后，再进行成套动作与配音乐练习。

动作介绍

"全脑型快乐健美操"整套动作介绍：

预备动作：2×8拍

第一个八拍六人拉成圆形，同时原地踏步，如同体操队形就可以个人原地踏步。

第二个八拍压脚跟弹动，同时头向左右摆动。

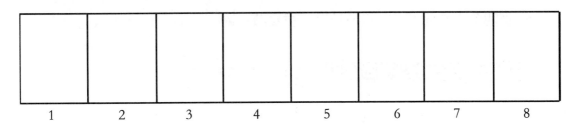

1	2	3	4	5	6	7	8

组合动作（一）：20×8拍　第一个八拍动作

体操队形、圆形

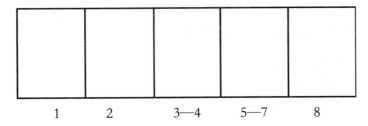

1	2	3—4	5—7	8

1—压脚跟一次，同时左臂侧平举，右臂肩侧屈，同时头向左摆。

2—再压脚跟一次，同时左臂肩侧屈，右臂侧平举，同时头向右摆。

3—4同1—2动作。

5—7左脚开始原地踏三步，同时两手胸前击掌三次。

8—还原成直立。

● **第二个八拍同第一个八拍动作，重复做一遍。**

组合动作（一）：20×8拍　第三个八拍动作

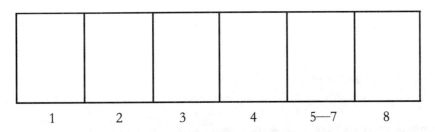

1	2	3	4	5—7	8

1—两腿直立起踵，同时两臂前平举（五指并拢，掌心向下）。

2—落踵，同时两臂还原。

3—两腿直立起踵，同时两臂侧平举（五指并拢，掌心向下）。

4—落踵，同时两臂还原。

5—7左脚开始原地踏三步，同时两手胸前击掌三次。

8—还原成直立。

● **第四个八拍同第三个八拍动作，重复做一遍。**

◆ **组合动作（一）：20×8拍　第五个八拍动作**

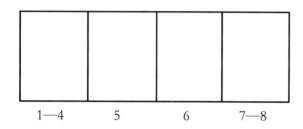

1—4　　5　　6　　7—8

1—4左脚开始原地踏四步，同时两臂前后摆动（直臂摆动）。

5—左腿前伸脚跟点地，右腿稍屈膝，同时两手叉腰。

6—左腿收回，同时两腿直立。

7—8同5—6动作，但方向相反。

● **第六个八拍同第五个八拍动作，重复做一遍。**

◆ **组合动作（一）：20×8拍　第七个八拍动作**

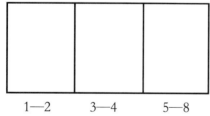

1—2　　3—4　　5—8

1—2圆形六人手拉手（大圆形），同时集体向左屈膝移重心。如是体操队形，就两手背后，个人向左屈膝移重心。

3—4集体向右移重心。如是体操队形个人两手背后做。

5—8同1—4动作。

● **第八个八拍同第七个八拍动作，重复做一遍。**

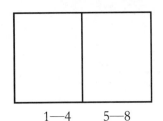

1—4六人左脚开始向前走四步（成小圆形），同时手拉手向上举起（稍抬头）。 如是体操队形，个人两臂缓缓侧上举。

5—8原地手拉手踏四步。

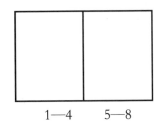

1—4六人手拉手向后退四步，同时两手拉成圆形（成大圆形）。如体操队形，个人两臂缓缓经侧还原。

5—8原地踏四步，同时两臂前后摆动。

● **第十一至第二十个八拍动作同第一至第十个八拍动作，重复做一遍。**

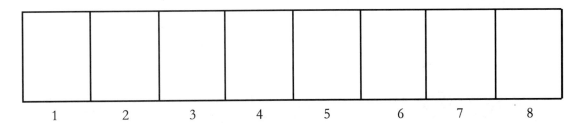

1—两腿稍屈膝，同时两手叉腰，头向前屈。

2—两腿直立，同时头摆正。

3—两腿稍屈膝，同时两手叉腰，头向后屈。

4—两腿直立，同时头摆正。

5—两腿稍屈膝，同时两手叉腰，头向左屈。

6—两腿直立，同时头摆正。

7—两腿稍屈膝，同时两手叉腰，头向右屈。

8—还原直立。

◆ **组合动作（二）：第一节 头部运动：4×8拍** **第二个八拍动作**

1—8

1—8两腿直立叉腰，同时头由左绕环一周（360度）。

● 第三、四个八拍同第一、二个八拍动作，但方向相反。

◆ **组合动作（二）：第二节 肩部运动：4×8拍** **第一个八拍动作**

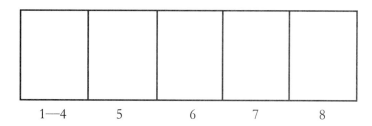

1—4   5   6   7   8

1—4左脚开始原地踏四步，同时两手胸前平屈向外交替绕环（做绕线动作）。

5—左脚侧出一步，同时两臂还原体侧（夹角约30°）双肩上提。

6—双肩下沉。

7—同5动作。

8—左脚收回还原成直立。

● 第二个八拍同第一个八拍动作，但方向相反。

◆ **组合动作（二）：第二节 肩部运动：4×8拍** **第三个八拍动作**

1—4   5   6   7   8

1—4左脚开始原地踏四步，同时两手胸前平屈小臂交叉拍肩四次。

5—左脚侧出一步，同时两臂还原体侧（夹角约30°）双肩上提。

6—双肩下沉。

7—同5动作。

8—左脚收回还原成直立。

● 第四个八拍同第三个八拍动作，但方向相反。

◆ **组合动作（二）：第三节　胸部运动：4×8拍**　　第一个八拍动作

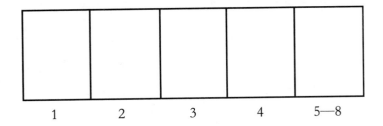

1	2	3	4	5—8

1—左脚侧出一步，同时两臂前举（两手握拳）。

2—两腿稍屈膝下蹲，同时两臂胸侧屈向后扩胸一次。

3—两腿直立，同时两臂前平举。

4—左脚收回还原直立。

5—8同1—4动作，但方向相反。

● 第二个八拍同第一个八拍动作，重复做一遍。

◆ **组合动作（二）：第三节　胸部运动：4×8拍**　　第三个八拍动作

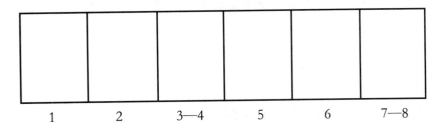

1	2	3—4	5	6	7—8

1—两腿稍屈膝下蹲，同时两臂经胸前平屈（五指分开重叠），向后扩振胸。

2—两腿直立，同时两臂胸前平屈（五分开重叠）。

3—4同1—2动作。

5—左脚向侧前伸出脚跟着地，右腿稍屈膝，同时两臂经胸前平屈（五指分开重叠），向后扩振胸。

6—左脚收回直立，同时两臂还原于胸前（五分开重叠）。

7—8同5—6动作，但方向相反，第8拍时两臂还原。

● 第四个八拍同第三个八拍动作，重复做一遍。

◆ **组合动作（二）：第四节 体侧运动：4×8拍** 第一个八拍动作

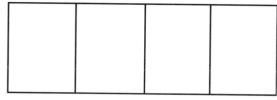

1—2 3—4 5—6 7—8

1—2左脚侧出一步，同时两手背后。

3—4左臂侧平举。

5—6上体向右侧屈。

7—8左脚收回还原直立。

● 第二个八拍同第一个八拍动作，但方向相反。

◆ **组合动作（二）：第四节 体侧运动：4×8拍** 第三个八拍动作

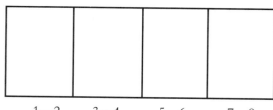

1—2 3—4 5—6 7—8

1—2左脚向前出一步，向右转体90度。同时两臂侧平举。

3—4上体向右侧屈，同时右手背后。

5—6上体摆正，同时两臂侧平举。

7—8左脚收回还原直立。

● 第四个八拍同第三个八拍动作，但方向相反。

◆ **组合动作（二）：第五节 体转运动：4×8拍** 第一个八拍动作

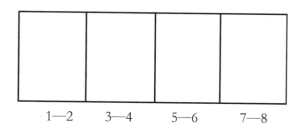

1—2 3—4 5—6 7—8

1—2左脚侧出一步，同时两臂体前屈（手做望远镜）动作。

3—4上体向左转体90度。

5—6上体摆正。

7—8左脚收回还原直立。

● **第二个八拍同第一个八拍动作，但方向相反。**

◆ **组合动作（二）：第五节　体转运动：4×8拍　　第三个八拍动作**

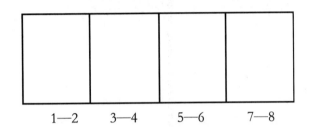

1—2　　3—4　　5—6　　7—8

1—2左脚侧出一步屈膝下蹲，同时两臂肩侧屈（手指触肩）。

3—4两腿直立向左转体90度，同时两臂侧上举。

5—6上体转正，两腿稍屈膝下蹲，同时两臂肩侧屈（手指触肩）。

7—8左脚收回还原成直立。

● **第四个八拍同第三个八拍动作，但方向相反。**

◆ **组合动作（二）：第六节　腿部运动：4×8拍　　第一个八拍动作**

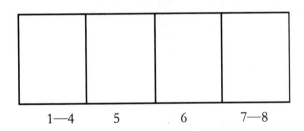

1—4　　5　　6　　7—8

1—4左脚开始原地踏四步，同时六人手拉手成圆形，如是体操队形，即两手背后。

5—左腿屈膝（90度）抬起。

6—左腿还原。

7—8同5—6动作，但方向相反。

◆ **组合动作（二）：第六节 腿部运动：4×8拍**　**第二个八拍动作**

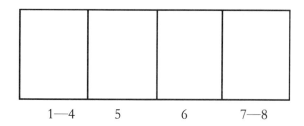

1—4	5	6	7—8

1—4左脚开始原地踏四步，同时六人手拉手成圆形，如是体操队形，即两手背后。

5—左腿前踢。

6—左腿还原。

7—8同5—6动作，但方向相反。

● 第三、四个八拍同第一、二个八拍动作，重复做一遍。

◆ **组合动作（二）：第七节 腹背运动：4×8拍**　**第一个八拍动作**

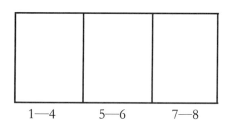

1—4	5—6	7—8

1—4左脚开始原地踏步，同时两臂侧平举（或手拉手）。

5—6左脚侧出一步，同时上体前屈两臂下伸体前击掌两次。

7—8左脚收回还原成直立。

● 第二个八拍同第一个八拍动作，但方向相反。

◆ **组合动作（二）：第七节 腹背运动：4×8拍**　**第三个八拍动作**

1—4左腿前伸脚跟着地，右腿稍屈膝，同时两手屈肘放于背后。

5—6左腿侧出一步，同时上体前屈两臂下伸体前击掌两次。

7—8左腿收回还原成直立。

● 第四个八拍同第三个八拍动作，但方向相反。

组合动作（三）：4×8拍　第一个八拍动作

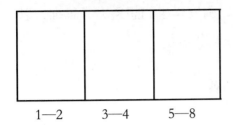

1—2　　3—4　　5—8

1—2六人手拉手经屈膝向左移重心。如体操队形，即两手背后。

3—4向反方向移重心。

5—8同1—4动作。

● 第二个八拍同第一个八拍动作。

● 第三、四个八拍原地踏步，同时两臂前后摆动，第8拍时还原直立。

● 记忆的技巧

记忆力是一种技能，它像其他技巧一样可以从学习中改进，记忆不单纯只是资料的储存，更是信息输入的处理系统，包括：直觉记忆、短期记忆与长期记忆。记忆力的增强训练，其目的是要改善和提高你在学习上的长期记忆。

● 增强记忆力的原则在于：

1. 兴趣：感兴趣的事，自然比较容易记着。

2. 联想：把同类相关的事连接在一起，可以增强记忆。

3. 分类：把事情分门别类，成为逻辑记忆。

4. 专注力：专注及特别留意一些自己想记住的事情，专心一致。

5. 自信心：自信的态度和想法，肯记忆，能力自会提升。

6. 不断学习：勤加练习记忆的技巧，自然便能掌握。

"快乐健美操"（二）是适合低年级学生做的体操，为了使学生在学校用同样的时间段和同样的音乐伴奏下，与高年级学生一起做操，为此，在操的结构上创编的思路与高年级相同。成套动作也是由三个部分构成，即组合动作（1）、组合动作（2）和组合动作（3）。其中组合动作（1）是操的开始部分，由二十个八拍动作组成。组合动作（2）是操的主体部分，它包括身体各部位的锻炼，是由七大节，十四小节动作组成。组合动作（3）是操的结束部分，这部分主要是对身体进行放松，共有四个八拍动作。这套体操与高年级有所不同，动作比较简单，突出操的趣味性较强，并伴有几种模仿内容，使学生在操练的过程中，引发学生的想象力、思维力以及对事物的模仿能力，提高练习兴趣。下面是具体动作的说明。

◆ **组合动作（一）：20×8拍** 第一个八拍动作

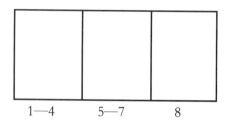

1—4   5—7   8

1—4左脚开始原地踏四步，同时两臂前后摆动（直摆）。

5—7原地踏三步，同时两臂胸前击掌三次。

8—还原成直立。

● **第二个八拍同第一个八拍动作，重复做一遍。**

◆ **组合动作（一）：20×8拍** 第三个八拍动作

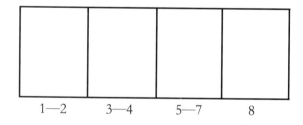

1—2   3—4   5—7   8

1—2左脚侧出一步，同时两手背后。

3—4左脚收回还原成直立。

5—7左脚开始原地踏步，同时两臂前后摆动（直摆）。

8—还原成直立。

● **第四个八拍同第三个八拍动作，但方向相反。**

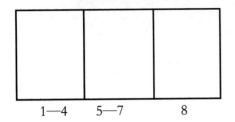

组合动作（一）：20×8拍　第五个八拍动作

1—4	5—7	8

1—4左脚开始原地踏四步，同时两臂肩侧屈，手触肩四次。

5—7原地踏三步，同时两臂胸前击掌三次。

8—还原成直立。

● 第六个八拍同第五个八拍动作，重复做一遍。

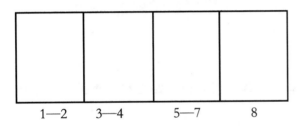

组合动作（一）：20×8拍　第七个八拍动作

1—2	3—4	5—7	8

1—2左脚侧出一步，同时两手背后。

3—4左脚收回还原成直立。

5—7左脚开始原地踏步，同时两手胸前击掌三次。

8—还原成直立。

● 第八个八拍同第七个八拍动作，但方向相反。

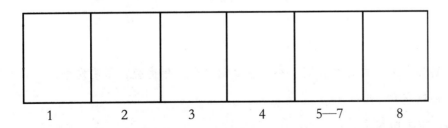

组合动作（一）：20×8拍　第九个八拍动作

1	2	3	4	5—7	8

1—两腿稍屈膝下蹲，同时两臂前平举（并指掌）。

2—两腿直立，同时两臂还原。

3—两腿稍屈膝下蹲，同时两臂侧平举（并指掌）。

4—两腿直立，同时两臂还原。

5—7左脚开始原地踏步，同时两手胸前击掌三次。

8—还原成直立。

● 第十个八拍同第九个八拍动作，重复做一遍。

● 第十一至第二十个八拍动作同第一至第十个八拍动作，重复做一遍。

◇ **组合动作（二）：第一节：伸展运动4×8拍（模仿海鸥）** **第一个八拍动作**

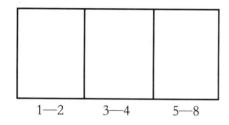

1—2左脚向前迈一步，重心前移，右脚尖点地，同时两臂侧上举，稍提腕（并指掌）。

3—4左脚收回，还原直立。

5—8同1—4动作，但方向相反。

◇ **组合动作（二）：第一节：伸展运动4×8拍（模仿海鸥）** **第二个八拍动作**

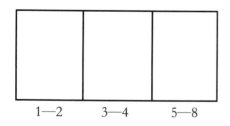

1—2左腿侧身，脚尖点地，同时左臂侧上举，右臂侧平举，稍提腕，眼看左手。

3—4左脚收回，还原直立。

5—8同1—4动作，但方向相反。

● 第三、四个八拍同第一、二个八拍动作，重复做一遍。

158

组合动作(二):第二节:头部运动4×8拍(模仿洗脸) **第一个八拍动作**

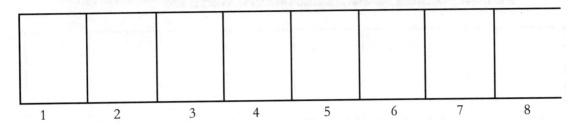

1	2	3	4	5	6	7	8

1——(预备:低头,两臂肩前上屈)头后屈,同时两臂下拉(分指掌)。

2——头前屈,同时两臂屈肘向上运动。

3——同1动作。

4——左脚侧出一步,同时两手背后。

5——头向左屈。

6——头向右屈。

7——同5动作。

8——左脚收回,还原直立。

● **第二个八拍同第一个八拍动作,但方向相反。**

组合动作(二):第二节:头部运动4×8拍(模仿洗脸) **第三个八拍动作**

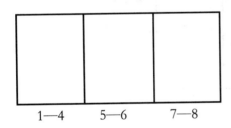

1—4	5—6	7—8

1—4左脚开始原地踏四步,同时两臂胸前平屈向外交替绕环(握拳)。

5—6两腿稍屈膝下蹲,同时两手背后,头向左转。

7—8还原直立。

● **第四个八拍同第三个八拍动作,但方向相反。**

❖ 组合动作(二):第三节:肩部运动4×8拍(模仿小鸭) 第一个八拍动作

1	2	3—4	5	6	7	8

1—左肩上提,同时两臂侧下举五指并拢翘手指(夹角30度)。

2—左肩下沉。

3—4同1—2动作,但方向相反。

5—两肩上提。

6—两臂下沉。

7—同5动作。

8—还原直立。

● 第二个八拍同第一个八拍动作,但方向相反。

❖ 组合动作(二):第三节:肩部运动4×8拍(模仿小鸭) 第三个八拍动作

1—3	4	5	6	7	8

1—3左脚开始原地踏三步,同时两臂胸前交叉平屈,手拍肩三次。

4—还原直立。

5—左脚侧出一步,同时两肩上提翘手指。

6—两肩下沉。

7—同5动作。

8—左脚收回,还原直立。

● 第四个八拍同第三个八拍动作,但方向相反。

◆ **组合动作(二):第四节:胸部运动4×8拍(模仿游泳)** 第一个八拍动作

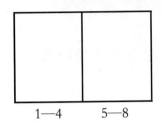

1—4左脚开始原地踏四步,同时两臂前后摆动(直摆)。

5—8两腿直立,同时两臂胸前平屈向后扩振四次(口号嗨!嗨!嗨!嗨!)。

◆ **组合动作(二):第四节:胸部运动4×8拍(模仿游泳)** 第二个八拍动作

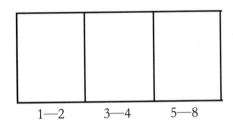

1—2两腿稍屈膝下蹲,同时两臂前伸,手腕交叉(稍含胸低头)。

3—4两腿直立,同时两臂平摆至腰间(五指并拢,掌心向下,模仿游泳划水)。

5—8同1—4动作。

● 第三、四个八拍同第一、二个八拍动作。

◆ **组合动作(二):第五节:体侧运动4×8拍(模仿小木偶)** 第一个八拍动作

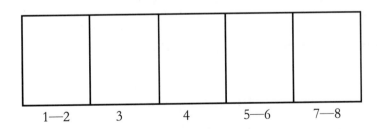

1—2左脚侧出一步,同时两臂胸前侧屈(五指并拢,掌心向下)。

3—上体向左侧屈(动作干脆,模仿小木偶)。

4—上体摆正。

5—6同3—4动作。

7—8左脚收回，还原直立。

- 第二个八拍同第一个八拍动作，但方向相反。

◆ **组合动作(二):第五节:体侧运动4×8拍(模仿小木偶)** **第三个八拍动作**

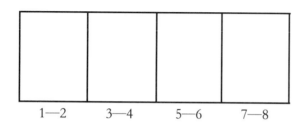

1—2两腿直立叉腰。

3—4两臂肩侧屈，手摸肩。

5—6左腿侧出一步脚跟着地，右腿稍屈膝，同时两手叉腰上体左侧屈。

7—8左脚收回，还原直立。

- 第四个八拍同第三个八拍动作，但方向相反。

◆ **组合动作(二):第六节:体转运动4×8拍(模仿警察)** **第一个八拍动作**

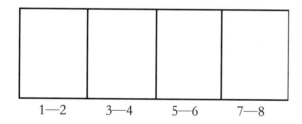

1—2左腿侧出一步，稍屈膝下蹲，同时左臂侧平举，右手叉腰（握拳，眼看左手）。

3—4两腿直立，同时左臂平摆拳触右肩，上体右转90度（眼看右方）。

5—6两腿稍屈膝下蹲，同时左臂经下摆至侧平举（眼看左手）。

7—8还原直立。

- 第二个八拍同第一个八拍动作，但方向相反。

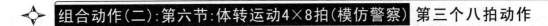

组合动作(二):第六节:体转运动4×8拍(模仿警察) 第三个八拍动作

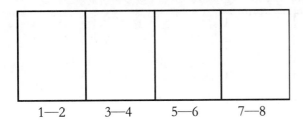

1—2左脚侧出一步,同时左手肩侧屈(五指并拢,模仿敬礼动作)。

3—4上体向右转90度。

5—6上体转正。

7—8左脚收回,还原直立。

● 第四个八拍同第三个八拍动作,但方向相反。

组合动作(二):第七节:腹背运动4×8拍(模仿插秧) 第一个八拍动作

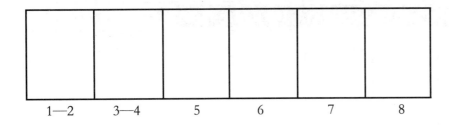

1—2左脚侧出一步,同时两臂侧平举(五指并拢掌心向下)。

3—4上体前屈,同时两臂下伸(五指分开掌心向后)。

5—左臂提拉屈肘,头左转。

6—左臂下伸,右臂屈肘提拉(模仿插秧动作)。

7—同5动作。

8—左脚收回,还原直立。

● 第二个八拍同第一个八拍动作,但方向相反。

◆ **组合动作(二):第七节:腹背运动4×8拍(模仿插秧)** 第三个八拍动作

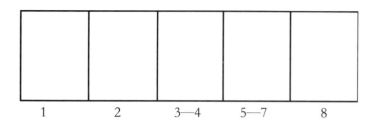

| 1 | 2 | 3—4 | 5—7 | 8 |

1—左腿前伸脚跟着地,右腿稍屈膝,同时两手叉腰。

2—左脚收回直立。

3—4同1—2动作,但方向相反。

5—7上体前屈,同时两手拍膝关节三次。

8—还原直立。

● 第四个八拍同第三个八拍动作,重复做一遍。

◆ **组合动作(二):第八节:腿部运动4×8拍(模仿踢毽)** 第一个八拍动作

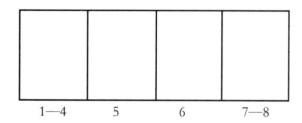

| 1—4 | 5 | 6 | 7—8 |

1—4左脚开始原地踏四步,同时两臂前后摆动。

5—左腿内屈上踢(模仿踢毽)。

6—左脚还原。

7—8同5—6动作,但方向相反。

◆ **组合动作(二):第八节:腿部运动4×8拍(模仿踢毽)** 第二个八拍动作

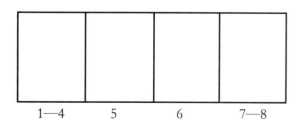

| 1—4 | 5 | 6 | 7—8 |

1—4左脚开始原地踏四步，同时两臂前后摆动。

5—左腿前踢（约90度）。

6—左脚还原。

7—8同5—6动作，但方向相反。

● 第三、四个八拍同第一、二个八拍动作。

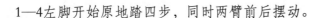 组合动作(三)：4×8拍　第一个八拍动作

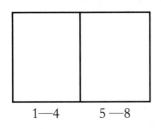

1—4　　　5—8

1—4左脚开始原地踏四步，同时两臂缓缓摆起至侧上举（眼看左方）。

5—8两脚并立，同时两臂缓缓摆起至体侧还原（眼看前方）。

● 第二个八拍同第一个八拍动作，但方向相反。

● 第三、四个八拍原地踏步，当第8拍时还原直立。

KNOWLEDGE
知识窗
WINDOW

　　人脑存在于人的颅骨内这是人人皆知的，如我们将颅盖骨打开后，就能看到脑被三层膜覆盖着。第一层是硬膜，厚而坚韧。中层是结缔组织的蛛网膜，薄而透明。内层是软膜，血管丰富，紧贴脑组织的表面。第三层膜里面就是脑仁了。

自学评价标准

标准＼内容	组合动作	左侧肢体动作	动作力度	与音乐配合
优	自学能力强，能顺利找到好的学习方法，并能在很短的时间内学会动作组合。	左侧肢体动作自如，能很好地表现出左侧肢体的各种动作的位置与造型。	动作准确到位，力度感很强，并能出色地表现出自己的风格与特色。	能很好地理解音乐的内涵，准确把握音乐的节奏与速度，能与音乐协同轻松地完成成套动作。
良	自学能力较强，能找到较好的学习方法，并能在较短的时间内学会动作组合。	左侧肢体动作基本上自如，能较好地表现出左侧肢体的各种动作的基本位置与造型。	动作基本到位，并能够表现出自己的风格与特色。	能较好地理解音乐的内涵，较好地掌握音乐的节奏与速度，能较好地与音乐协同完成成套动作。
及格	自学能力一般，能找到一种学习方法，并能在较长时间内学会动作组合。	左侧肢体动作在帮助下完成，在提示下基本上表现出左侧肢体的几种动作。	动作在提示下能到位，力度感不够强，没有表现出自己的能力与特色。	理解音乐的内涵有限，基本上能与音乐配合完成动作。
不及格	自学能力较差，学习方法笨拙，并在很长时间内也无法完成动作组合。	左侧肢体动作很差，在提示下完成左侧肢体的一种动作，学习很困难。	动作在提示下也不到位，没有力度感，不能表现自己的能力与特色。	理解音乐的内涵很差，不能与音乐配合完成一组动作。

十一、全脑型素质健美操

全脑型素质健美操是通过身体各部位的动作与组合，在组合动作基础上连成完整套路。来开发学生智力，培养学生记忆力，塑造形体，提高审美，发展素质，增强体质，培养全脑发展的人才。

◆ **第一节：伸展运动：4×8拍　第一个八拍动作**

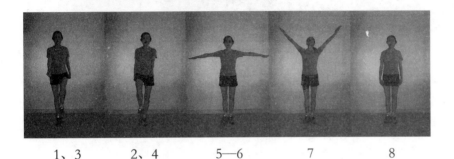

1、3　　　2、4　　　5—6　　　7　　　8

1—4左脚开始原地踏四步，同时两臂前后摆动。

5—6两腿直立，同时两臂侧平举。

7—两臂侧上举（掌心基本相对）。

8—还原成直立。

◆ **第一节：伸展运动：4×8拍　第二个八拍动作**

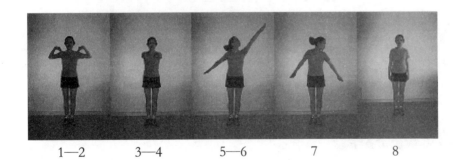

1—2　　　3—4　　　5—6　　　7　　　8

1—2两腿直立，同时两臂肩侧屈（手触肩峰）。

3—4两臂前平举（掌心相对）。

5—6左臂侧上举，右臂侧下举（眼看左手）。

7—两臂侧下举（掌心基本相对）。

8—还原成直立。

● 第三、四个八拍同第一、二个八拍动作，但方向相反。

◆ **第二节：头部运动：4×8拍** **第一个八拍动作**

| 1 | 2 | 3 | 5 | 8 |

1—左腿前伸脚尖点地，同时两手叉腰，头向前屈。

2—左脚收回，同时头摆正。

3—两腿稍屈膝，同时头后屈。

4—同2动作。

5—左腿侧伸脚尖点地，同时左臂侧举，右臂还原，头向左转。

6—同2动作。

7—同5动作，但方向相反。

8—左脚收回还原成直立。

◆ **第二节：头部运动：4×8拍** **第二个八拍动作**

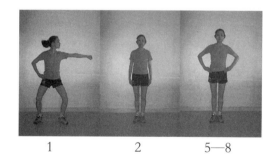

| 1 | 2 | 5—8 |

1—左脚侧出一步两腿稍屈膝，同时左臂侧举，右手叉腰，头向左转。

2—左脚收回两腿直立，同时两臂还原。

3—同1动作，但方向相反。

4—同2动作。

5—8两手叉腰，同时头由左向后绕至360度，第8拍时还原成直立。

● **第三、四个八拍同第一、二个八拍动作，但方向相反。**

◆ **第三节：四肢运动：4×8拍**　　**第一个八拍动作**

1　　2、4　　3　　5—6　　7　　8

1—左脚侧出一步两腿稍屈膝，同时两手叉腰，头向左转。

2—左脚收回还原成直立。

3—4同1—2动作，但方向相反。

5—6两腿直立左脚尖点地，同时左手肩侧屈（手触肩峰，身体右倾）。

7—左脚落地，同时左臂前平举。

8—左脚收回还原成直立。

◆ **第三节：四肢运动：4×8拍**　　**第二个八拍动作**

1　　2　　3　　5　　7　　8

1—左脚侧出一步两腿稍屈膝，同时左臂侧举，头向左转。

2—左脚收回直立，同时两手叉腰。

3—左腿侧前伸出脚跟着地，右腿稍屈膝，同时左臂侧摆，右臂摆至胸前平屈（身体左转45度）。

4—同2动作。

5—左腿屈膝90度抬起，同时两臂胸前平屈。

6—同2动作。

7—两手叉腰同时右腿屈膝90度抬起。

8—还原成直立。

● 第三、四个八拍同第一、二个八拍动作，但方向相反。

◆ **第四节：胸部运动：4×8拍　　第一个八拍动作**

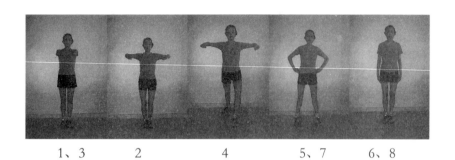

1、3　　　　2　　　　　4　　　　5、7　　　　6、8

1—两腿直立，两臂前平举。

2—两腿稍屈膝，同时两臂肩前屈扩振胸一次。

3—同1动作。

4—左腿前迈一步成弓步，同时两臂再扩振一次。

5—左脚侧出一步，同时两手叉腰。

6—左脚收回还原成直立。

7—同5动作，但方向相反。

8—还原成直立。

◆ **第四节：胸部运动：4×8拍　　第二个八拍动作**

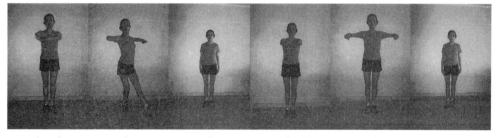

1、3　　　　2　　　　　4　　　　5、7　　　　6　　　　　8

1—两臂胸前平屈（重叠）。

2—左腿侧前出一步脚跟着地，右腿稍屈膝，同时两臂向后扩胸一次。

3—同1动作。

4—还原成直立。

5——两臂前平举（握拳）。

6——两臂屈向后扩振胸一次。

7——同5动作。

8——两臂还原体侧。

● 第三、四个八拍同第一、二个八拍动作，但方向相反。

◆ 第五节：体侧运动：4×8拍　　第一个八拍动作

1—2、4　　3、5—6　　7—8

1——2左脚侧出一步，同时两臂肩侧屈（手触肩）。

3——上体向左侧屈。

4——同1—2动作。

5——6同3动作。

7——8左脚收回，同时两手叉腰。

◆ 第五节：体侧运动：4×8拍　　第二个八拍动作

1—2　　　3—4、6　　　5、7　　　8

1——2两臂上举（掌心相对）。

3——4左脚侧出一步，两臂胸前平屈。

5——右臂侧平举，同时上体向左侧屈。

6——上体摆正。

7—上体再向左侧屈。

8—左脚收回还原成直立。

● 第三、四个八拍同第一、二个八拍动作，但方向相反。

◆ **第六节：体转运动：4×8拍**　第一个八拍动作

1—2、4　　3　　5—6　　7　　8

1—2左脚向前一步，重心前移右腿脚尖点地，同时两臂肩侧屈（手触肩）。

3—右腿屈膝90度抬起，同时上体向右转90度。

4—同1—2动作。

5—6右腿侧出一步两腿稍屈膝下蹲，同时两臂前平举。

7—两腿直立，同时上体向左转，两臂侧上举。

8—右脚收回还原成直立。

◆ **第六节：体转运动：4×8拍**　第二个八拍动作

1—2　　3　　4　　5—6　　7—8

1—2两手叉腰，同时起踵。

3—左脚侧出一步，两腿稍屈膝下蹲，同时左臂前平举。

4—左脚收回直立，同时两臂前平举。

5—6上体向左转体90度，同时两臂侧上举。

7—8左脚收回还原成直立。

● 第三、四个八拍同第一、二个八拍动作，但方向相反。

第七节：全身运动：4×8拍　第一个八拍动作

　　1　　　　2、4　　　　3　　　　5—6　　　　7　　　　8

1—左腿屈膝抬起90度，同时两手叉腰。

2—左腿还原。

3—右腿屈膝90度抬起。

4—还原成直立。

5—6两腿直立，同时两臂侧平举（分指掌）。

7—两臂肩侧屈（手触肩峰）。

8—还原成直立。

第七节：全身运动：4×8拍　第二个八拍动作

　　1—2　　　　3—4　　　　5—6　　　　7　　　　8

1—2左脚前出一步，同时左臂后、右臂前摆动。

3—4右脚前迈一步，同时两臂交换摆动一次。

5—6左脚侧出一步，同时两臂上举头上击掌一次。

7—上体前屈，同时两臂下举（两手触脚）。

8—左脚收回，屈膝下蹲，同时两手扶膝（两肘外张）。

● **第三、四个八拍同第一、二个八拍动作，但方向相反。**

◆ **第八节：跳跃运动：4×8拍　第一个八拍动作**

1、3　　　2、4　　　5　　　6、8　　　7

1—4左脚前、右脚后交换跳四次，同时两臂前后摆动（立掌）。

5—并腿跳起成分腿落地，同时左臂侧平举，右手叉腰。

6—跳成还原直立。

7—跳成开立，同时两臂侧平举。

8—跳成还原直立。

◆ **第八节：跳跃运动：4×8拍　第二个八拍动作**

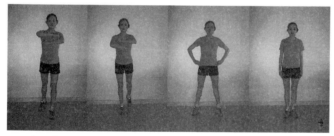

1、3　　　2、4　　　5　　　6

1—4左脚开始原地后踢腿跑跳四次，同时两臂胸前平屈向外交替绕环。

5—跳成分腿落地，同时两手叉腰。

6—跳成还原直立。

7—8同5—6动作。

◆ **第八节：跳跃运动：4×8拍　第三个八拍动作**

1　　　2、4、6　　　5　　　7　　　8

1—左腿屈膝跳一次，同时两手叉腰。

2—跳成左腿落地直立。

3—4同1—2动作，但方向相反。

5—跳成两腿开立，稍屈膝下蹲，同时左臂侧平举（眼看左方）。

6—同2动作。

7—跳成两腿并立，同时两臂前举体前击掌。

8—跳成还原直立。

第八节：跳跃运动：4×8拍　第四个八拍动作

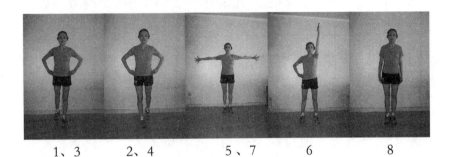

| 1、3 | 2、4 | 5、7 | 6 | 8 |

1—4左脚前、右脚后交换跳三次，同时两手叉腰。

5—跳成直立，同时两臂侧平举（分指掌）。

6—跳成分开立，同时左臂上举，右手叉腰。

7—同5动作。

8—跳成还原直立。

第九节：整理运动：4×8拍　第一个八拍动作

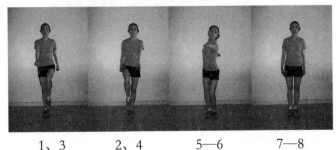

| 1、3 | 2、4 | 5—6 | 7—8 |

1—4左脚开始原地踏步，同时两臂前后摆动。

5—6两腿稍屈膝弹动一次，同时左臂前、右臂后摆动。

7—8还原成直立。

● 第二个八拍同第一个八拍动作，但方向相反。

● 第三、四个八拍同第一、二个八拍动作。

第四节　全脑型幼儿系列活动指导模式

"全脑型幼儿系列活动指导模式"是根据幼儿身心发展的特点和规律，特别是幼儿大脑的发育特征，创编的系列幼儿活动指导模式。幼儿身心特点是好动、思维活跃、稳定性差、可塑性强。但由于长期受家庭、幼儿园等环境的影响，绝大多数幼儿习惯于右手操作一切运动，包括生活类、认知类、体育游戏类动作等，因而表现出幼儿的右手灵活于左手，左脑的发展快于右脑。

在进行幼儿全脑型各项活动前一定要确立活动的目标，了解该项活动内容的手段与方法，不仅只是靠书上的活动提示与方法，同时还要根据教师在长期幼儿园工作的实践经验，进行不断地创新与改进，使全脑型幼儿体育活动的内容能更加新颖和丰富。教师应在一切活动中注重幼儿全脑的开发与培养，活动内容要始终围绕着开发全脑进行，注重双侧肢体的动作练习。在教学中要有耐心和信心，不断提示、诱导、要求幼儿快乐地进行各种全脑型体育教学模式活动，达到开发幼儿全脑的预期目标。

21世纪需要人才，尤其需要全脑型的人才。任何事情都应从小抓起，教育亦如此。通过"全脑型幼儿教学活动模式"的练习，目的是使幼儿得到全脑均衡发展，逐渐地形成右脑支配左侧肢体的意识与能力，使之成为全脑型发展的人才。

小窍门

老师们都知道幼儿最好动、最好玩、最喜欢游戏。但是长期的习惯使幼儿习惯了用他们的右手进行各种动作和操作，而不习惯用左手了，只有极少部分的幼儿是所谓的"左撇子"。而全脑型的体育游戏，听上去是"游戏"，我们教师应清楚地知道它还是一项很枯燥的训练。因此，我们一定要掌握幼儿身心活动的规律，他们的持久性差，易疲劳，所以我们就应将全脑型体育游戏的内容放在幼儿精力饱满、活动开始的时候进行，但时间不能过长，待观察到幼儿有疲劳的表现时，要马上更换活动的内容，千万不能造成幼儿对全脑型活动内容的反感。这些都需要幼儿教师在长期的教育活动中总结经验。

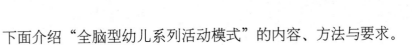

下面介绍"全脑型幼儿系列活动模式"的内容、方法与要求。

一、体育活动游戏类:

通过一系列体育游戏模式内容的练习,激发幼儿参与兴趣,提高幼儿用左侧肢体活动的意识与能力,初步学会左手和左脚的一般游戏活动,养成左侧肢体操作和进行各种体育游戏的能力。加强幼儿间的配合与合作,提高活动效果。

(一)拍球动作游戏

活动目的

1. 通过活动,使幼儿学会用左手进行各种原地拍球游戏、行进间的拍球游戏、两人的拍球游戏和多人合作的拍球动作与游戏。

2. 通过活动,培养幼儿左侧肢体参与活动游戏的意识,加强左侧肢体动作的强化活动,逐渐养成用右脑思维活动的意识。

3. 培养幼儿团结合作、相互谦让、礼貌待人的良好品德,促进幼儿在开发右脑的同时运用全脑的能力。

活动要求

1. 在每一项拍球游戏开始前,教师首先要进行认真的备课,了解和掌握各种拍球游戏的方法与规则。

2. 在活动的过程中,要用准确的示范动作形象地展示在幼儿面前,并讲清楚每一种动作的重点与难点。

3. 安排和选择全脑型拍球活动游戏的内容时,一定要考虑到幼儿的年龄特点,选用的内容一定要适合幼儿操作,不宜太难。

4. 在活动游戏的过程中,教师要照顾到每一位幼儿。

活动内容

✦ **拍球游戏1**

● **游戏玩法：单人活动：**

幼儿分散在室内或室外，拉开一定距离，每人一个小篮球（或是其他球），让幼儿用左手进行原地拍球活动，身体姿势不限。

● **游戏要求：**

1. 幼儿只能用左手拍球。

2. 原地拍球10次为一组，让幼儿自己计数，做3组（也可增加与减少）。

✦ **拍球游戏2**

● **游戏玩法：单人活动：**

给幼儿每人一个球，让幼儿用左手拍球4次后，改变拍球方式，继续左手拍球4次，要求每拍1次球时，双击手掌一次，身体姿势不限。

● **游戏要求：**

1. 幼儿只能用左手拍球。

2. 拍球4次后的每1次拍球，必须击掌，然后继续用左手拍球4次。

3. 拍球8次为一组，做3组（也可增加与减少）。

● **幼儿活动前的十项准备工作：**

1. 要考虑幼儿用的物品不能太大，要适合幼儿的操作与运用。

2. 要注意各种游戏物品摆放的距离适合幼儿活动需要，不能过远。

3. 要教给或组织幼儿在游戏前进行准备活动，并将关键部位对幼儿进行多次的提示，避免受伤。

4. 小、中班幼儿活动时尽量不要采用比赛形式，用拟设情境比较好。

5. 选用的内容不要太难，要适合幼儿的身心发展规律，激发幼儿的积极性。

6. 在游戏中多采用激励表扬的方法，多鼓励幼儿的进步，使幼儿始终保持兴奋。

7. 教师在游戏前一定要向幼儿讲清楚游戏的规则与方法，但不能太繁琐。

8. 在游戏的过程中发现问题，教师要及时采用适当的方法进行处理，确保游戏的规范与准确。

9．制作各种激励和表扬的小实物，并在游戏中认真观察每一个幼儿的表现，及时表扬并发给幼儿实物奖励，以此来激发幼儿的积极性。

10．教师要始终同幼儿在一起进行游戏，确保游戏顺利完成。

◆ 拍球游戏3

● **游戏玩法：单人活动：**

给幼儿每人一个球，让幼儿双手持球于胸前，左脚开始原地单腿跳4次后，原地用左手拍球10次，同时右手叉腰。

● **游戏要求：**

1．原地跳不许用右脚支撑，跳4次后原地身体姿势不限，拍球10次也只能用左手进行。

2．跳4次连接原地拍球10次为一组，做3组（也可增加与减少）。

◆ 拍球游戏4

● **游戏玩法：单人活动：**

给幼儿每人一个球，让幼儿用左手原地拍球10次后，并向左转体拍球360度后，将球用左手抱住。

● **游戏要求：**

1．原地和转体拍球只能用左手进行。

2．原地拍球10次，在转体360度后将球抱住为一组，做3组（也可增加或减少）。

给你指导

幼儿球类游戏别忘了让幼儿经常用左手拍球，但是拍球的动作不能单一化，要采用各种不同的形式进行左手拍球或是用双人游戏的形式进行。活动中，教师要经常鼓励幼儿的进步，使幼儿充分感到活动的兴趣与趣味，从而保持兴奋状态。

◇ **拍球游戏5**

● **游戏玩法：单人活动：**

给幼儿每人一个球，让幼儿原地拍球5次后，将球从左腿下拍过，再原地拍球5次，再将球从左腿下拍过后，用左手将球抱住，同时右手叉腰。

● **游戏要求：**

1. 原地拍球或是腿下拍球，都只能用左手。

2. 连续动作为一组，做3组（也可增加或减少）。

◇ **拍球游戏6**

● **游戏玩法：双人活动：**

两个幼儿为一组，每组幼儿一个球，让一名幼儿用左手拍球10次后，将球用左手拍传给对方，使其继续拍球10次后，再传给对方，重复练习。

● **游戏要求：**

1. 幼儿只能用左手拍球，当一名幼儿拍球时，另一名幼儿要给其数次数；

2. 双方传递拍球重复3次为一组，做3组（也可增加或减少）。

给你指导

在进行幼儿双人活动时，建议将能力强、弱的幼儿分成几个小组进行活动，这样一方面能很好地观察幼儿活动的质量，另一方面也能使幼儿活动起来很容易配合。特别是那些能力较强的幼儿，给予他们充分的时间与空间，以满足他们的身心要求。同时还可以让他们在幼儿们面前做表演，这不仅能充分地展示和满足他们，还能培养良好的心理品质，激发幼儿活动的积极性。对较弱的幼儿也不能忽视，要不断表扬和鼓励他们所取得的每一点进步，激发他们活动的积极性，取得最好的活动效果。

 拍球游戏7

● 游戏玩法：双人活动：

两个幼儿为一组，每组幼儿一个球，让一名幼儿用左手原地拍球10次，并向左转体拍球360度后，将球用左手传给对方幼儿，再进行同样的活动，依次进行练习。

● 游戏要求：

1. 原地拍球或是转体拍球，都必须用左手操作。

2. 相互拍、传3次为一组，做3组（也可增加或减少）。

拍球游戏8

● 游戏玩法：双人活动：

两个幼儿为一组，每组幼儿一个球，让一名幼儿用左手原地拍球5次，再原地腿下拍过球5次后，将球用左手传给对方，继续重复相同的活动内容。

● 游戏要求：

1. 必须用左手进行两种拍球形式，当一名幼儿拍球时，另一名幼儿计数，达到规定的数时，才能将球传给对方。

2. 两人重复1次为一组，做3组（也可增加或减少）。

给你指导

在幼儿进行各种全脑型活动时，教师们首先要考虑幼儿活动中的安全，特别是活动场地的布置，选择的场地应该是比较大些的，应远离那些大型玩具。因为幼儿在进行双手拍球动作时，基本上是低头拍球，他们往往忽略了观察周围的环境，当球滚动时，他们就会追球猛跑，容易出现伤害事故。因此，教师要特别加以注意。

拍球游戏9

● 游戏玩法：双人活动：

两个幼儿为一组，每组幼儿一个球，让一名幼儿用左手原地拍1次球，当球反弹起时，用左手背将球接住，然后用左手腕、手指依次做波浪动作，继续拍球，拍2次后就将球拍给对方幼儿，反复进行练习。

● **游戏要求：**

1．必须用左手拍球，进行的速度不要太快。

2．要注意提示幼儿从接球、过渡到拍球对手腕、手指小关节动作的掌握。

3．两人换1次为一组，重复进行3组（也可增加或减少）。

 拍球游戏10

● **游戏玩法：双人活动：**

两个幼儿为一组，每组幼儿一个球，让一名幼儿用左手原地快速拍5次球，再用右手拍1次球，重复一次，然后将球传给对方，继续做同样动作，反复进行练习。

● **游戏要求：**

1．必须用左手拍球，并要求拍球的速度要稍加快。

2．拍球5次后，只能用右手拍1次球，第二次用右手拍1次传给对方。

3．幼儿交换1次为一组练习，重复进行3组（也可增加或减少）。

知识窗

　　探索和开发幼儿运动和智力潜能的新途径，是摆在我国学校教育工作者面前的一项重要战略任务。同济大学校长吴启迪在"21世纪创新教育国际论坛"的报告中认为："教育使命的双重性还表现为，教育在任何时候都是维系社会进步和个人发展智能。传统的教育，特别是工业经济时代的教育，更多地着眼于人脑左半球的开发，而忽视对右脑潜能的开发。为此，'右脑革命'已成为发展人类巨大潜能的重要途径。而教育无疑担当着重要的使命。"

 拍球游戏11

● **游戏玩法：集体活动：**

由若干名幼儿组成一个小圆形，给幼儿每人一个球，当听到信号时，即刻用左手原地拍球（姿势不限），当再听到信号时，每一个幼儿用左手将球拍给左边的幼儿，继续原地拍球，当又听到信号时，将球拍给下一个左边的幼儿，依次进行练习。

● **游戏要求：**

1. 每一个幼儿必须用左手拍球。

2. 听到信号要有节奏地将球用左手传递。

3. 按幼儿的实际水平，教师随时调整活动练习。

● **游戏研究：**

在进行集体拍球的游戏时，不要急于进行游戏的全过程，要先进行有关游戏一般动作的反复练习，待熟练后可进行少数人参加的拍球游戏，特别是用左手的拍球。在这个过程中，可以让几名幼儿出列表演相关游戏的较难动作或游戏关键的内容，教师可边让幼儿进行，边介绍和教给幼儿游戏的规则，待他们都熟悉了动作和明白了游戏的规则后，再进行集体拍球游戏的完整教学，活动效果就会比较好。

 拍球游戏12

● **游戏玩法：集体活动：**

由若干名幼儿组成一组，共分四组，排头的幼儿拿球，用左手进行10米的拍球比赛。当听到信号时，排头的幼儿用左手向前拍球走（或跑），并绕过10米处的标杆，继续拍球走（或跑）回，并用右手击拍对方幼儿的右手后，第二名幼儿继续做同样的动作练习，以此类推到最后一名幼儿。名次按先到为胜的顺序排列，并用小礼物或用其他的形式进行表扬或奖励。

● **游戏要求：**

1. 参赛的幼儿必须用左手进行拍球。

2. 必须听到信号后才能起动，教师要随时提示幼儿用左手拍球。

3. 提示幼儿必须绕过标志杆后才能返回。

4. 教师可根据幼儿的实际情况，进行2—3次的比赛练习。

● **游戏提示：**

在教会了幼儿多种全脑型活动内容后，你可以在幼儿园的活动中让幼儿进行各种全脑型动作的自由展示，让家长了解自己的孩子。同时还可以将一些活动的内容和一些相关的动作教给家长，让他们同幼儿一起参与活动，激发幼儿活动的兴趣，帮助教师和幼儿完成一些必要的动作，待活动结束时还可以征求家长的意见。同时还可以将一些难度较大的动作留给家长，让他们在幼儿回到家时协助完成，并向他们介绍动作完成的方法与要求。

拍球游戏13

● **游戏玩法：集体活动：**

在场地上间隔2米放一个标志物，共5个（或标杆、小凳子、小筐等），并排成一路纵队，由若干名幼儿组成一组，共四组。排头的幼儿拿球，当听到信号时，排头的幼儿即刻用左手向前拍球，并采用"∽"形绕过每一个标志物后，再直线形拍球返回，并用右手击打第二名幼儿的右手，第二名幼儿继续做同一样的动作练习，以此类推到最后一名幼儿，名次按先到为胜的顺序排列，并用小礼物或用其他的形式进行表扬或奖励。

● **游戏要求：**

1．参赛的幼儿必须用左手进行拍球。

2．必须听到信号后才能起动，教师要随时提示幼儿用左手拍球。

3．提示幼儿必须采用"∽"形绕过标志杆后才能返回。

4．教师可根据幼儿的实际情况，进行2—3次的比赛。

 拍球游戏14

● **游戏玩法：集体活动：**

由5—6名幼儿组成一队，共组四队，其中两队与另外两队面对面站立，间隔15米（迎面接力）。排头的幼儿拿球，当听到信号时，排头的幼儿即刻用左手向前拍球，迎面将球交给对方（交球的形式不限），第二名幼儿继续用左手拍球返回，以此类推到最后一名幼儿完成。名次按先到为胜的顺序排列，并用小礼物或用其他的形式进行表扬或奖励。

● **游戏要求：**

1．参赛的幼儿必须用左手进行拍球。

2．必须听到信号后才能起动，教师要随时提示幼儿用左手拍球。

3．教师可根据幼儿的实际情况，进行2—3次的比赛练习。

● **游戏提示：**

在进行各种全脑型幼儿体育游戏时，一定要做好游戏前的准备活动，特别是与运动相关的活动，比如：踝关节、腕关节等活动，在整个活动中教师一定要认真地观察每一个幼儿的表情和身体的反应情况，活动的时间不能太长，拍球或重复动作的次数不能太多，要始终保持幼儿高度兴奋的状态，避免活动后的疲劳和对活动失去兴趣。

 **拍球游戏15**

● **游戏玩法：集体活动：**

由若干名幼儿组成一组，站成两路纵队，分别有四个队比赛，比赛的距离为20米，并在终点设置一个标志物。排头的一名幼儿拿球，当听到信号时，排头的两名幼儿即刻起动，一名幼儿用左手向前拍1次球，另一名幼儿再拍1次球，直到绕过标志物后，两人手拉手返回，并由一名幼儿用左手将球拍回，传给下两位幼儿继续进行下一组动作练习。以此类推到最后一名幼儿完成，名次按先到为胜的顺序排列，并用小礼物或用其他的形式进行表扬或奖励。

● **游戏要求：**

1. 参赛的幼儿必须用左手进行拍球，在参赛的过程中，两人一组每人只能拍1次球行进。

2. 必须听到信号后才能起动，教师要随时提示幼儿用左手拍球。

3. 教师可根据幼儿的实际情况，进行2—3次的比赛练习。

◇ **拍球游戏16**

● **游戏玩法：集体活动：**

在场地上放置10个呼啦圈，间距视幼儿园具体情况而定，排成一路纵队，由若干名幼儿组成一组，分别组成四个队。排头的幼儿拿球，用左手进行10米的拍球比赛；当听到信号时，排头的幼儿用左手向前拍球走，并在每一个呼啦圈内拍球5次后，直线用左手拍回，并用右手击打下一个幼儿的右手，下一个幼儿继续做同样的动作练习。以此类推到最后一名幼儿完成，名次按先到为胜的顺序排列，并用小礼物或用其他的形式进行表扬或奖励。

● **游戏要求：**

1. 参赛的幼儿必须用左手进行拍球。

2. 必须在圈内拍5次球，才能进行下一圈的练习，完成10个圈后，才能返回，下一名幼儿才能开始。

3. 须听到信号后才能起动，教师要随时提示幼儿用左手拍球，及拍球次数。

4. 教师可根据幼儿的实际情况，进行2—3次的比赛练习。

与你探讨

全脑型幼儿体育游戏，也是一项很有趣的游戏活动，但它的前提是经过了一段时间的操作，小朋友已经具备了一定的能力，掌握了一定的游戏方法。到那时，全脑型幼儿体育游戏，就可以随时在活动室、课桌前、操场上、走廊里进行，只要有几个小朋友组织起来就可以进行各种全脑型的游戏了。但这些游戏的选用一定要简单易行，小型、多样、有趣，还可以利用各种轻器械，游戏人数不限，可以让小朋友自己组织，玩的时候可以随时终止，教师可以轻松地进行指导与帮助。活动时要注意安全和卫生，爱护公物。老师在指导中，一定要观察那些性格孤僻的幼儿，让他们也能积极地投入到快乐的全脑型的体育游戏中来。

（二）滚球动作游戏

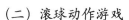

教学目的

1．通过活动，使幼儿学会用左手进行各种滚球动作与游戏，并能进行两人协调配合的滚球游戏，以及多人合作的滚球动作与游戏。

2．通过活动，培养幼儿左侧肢体参与活动游戏的意识，加强左侧肢体动作的强化活动，逐渐养成用右脑思维活动的意识。

3．培养幼儿团结合作、相互谦让、礼貌待人的良好品德。

活动要求

1．在每一项滚球游戏开始前，教师首先要进行认真的备课，了解和掌握各种滚球游戏的方法与规则。

2．活动的过程中，要用准确的示范动作形象地展示在幼儿面前，并讲清每一种动作的重点和难点。

3．在每一种集体活动内容的练习前，最好先进行单个动作的学习与掌握，这对集体练习的顺利完成起着重要的作用。

4．安排和选择全脑型集体拍球活动游戏的内容时，一定要考虑到幼儿的年龄特点，选用的内容一定要适合幼儿操作，不宜太难。

5．在活动游戏的过程中，教师要照顾每一位幼儿的参与效果，同时要耐心地给予指导与帮助，使每一位幼儿都能在活动中得到右脑的开发与身心的满足。

◆ 滚球游戏1

● 游戏玩法：单人活动：

在场地上划一条平行线，5名幼儿每人持一个球站在线后，并在6米处放置一个标志物（立放一个圈、倒放一个筐等）。让幼儿用左手按住球，当听到信号时幼儿用左手将球滚向标志物，进行完后，再换另一组幼儿进行。以此类推，直到最后一名幼儿完成练习，滚球的身体姿势不限。

● 游戏要求：

1．要求幼儿必须用左手滚球，并提示左手用力的方法和滚球的方向。

2．5次为一组，做3组，并根据幼儿的实际情况进行增加或减少。

◆ 滚球游戏2

● 游戏玩法：单人活动：

让幼儿手拿一个球蹲在地上，当听到信号时幼儿用左手进行原地的滚球练习，同时将球向右滚动转体360度后，再将球向左滚动转体360度，3次为一组，做3组之后换人，直到最后一名幼儿完成练习，滚球的身体姿势不限。

● 游戏要求：

1．要求幼儿必须用左手滚球，并提示左手用力的方法和滚球的方向。

2．滚球时，要求幼儿必须是蹲姿。

3．每一位幼儿活动3次为一组，做3组，可根据幼儿的实际情况进行增加或减少。

◆ 滚球游戏3

● 游戏玩法：单人活动：

让班里的每一位幼儿原地就座，两腿分开，拉开一定的距离，并给每一位幼儿一个球。当听到信号时，让幼儿用左手进行左右方向的滚球练习，当再听到信号时，幼儿即刻进行左手前后方向的滚动练习，按照信号，交替变化滚球方向，当听到教师喊"停止"时，结束游戏。

● 游戏要求：

1. 要求幼儿必须用左手滚球，并提示左手用力的方法和滚球的方向。

2. 滚球时，要求幼儿必须是坐姿。

3. 每一位幼儿活动至教师喊"停止"时，为一组，做3组，可根据幼儿的实际情况进行增加或减少。

◆ 滚球游戏4

● 游戏玩法：双人活动：

将幼儿分成若干个两人小组，两人一个球并间隔3米，当听到信号时，进行用左手相互滚动的练习。

● 游戏要求：

1. 要求幼儿必须用左手滚球，并提示左手用力的方法和滚球的方向。

2. 滚球时，幼儿身体姿势不限。

3. 每一位幼儿活动至教师喊"停止"时为一组，做3组，可根据幼儿的实际情况进行增加或减少。

● 游戏提示：

在幼儿园里进行全脑型系列体育活动模式，要考虑到幼儿的年龄特点，活动内容的难易程度应逐渐地提高；活动的次数和运动的强度也应逐渐地上升；由于幼儿的注意力集中的时间较短、稳定性较弱，因此我们不能用成人的教学形式来对待幼儿。要尽量使幼儿在快乐宽松的环境中进行练习，幼儿教师就需要开发思路、不断创新，采用更多新颖的教学手段。比如，利用器械创设适合幼儿操作等小型活动；运用一些小型多样的电子、机械玩具以及一些日常生活中的常见的物品，比如鼠标等进行身、脑、心、手、口的配合运动，开展科学、有效、全面的锻炼活动。

◆ 滚球游戏5

● 游戏玩法：双人活动：

将幼儿分成若干个两人小组，每人一个球并间隔3米。当听到信号时，两人先用左手进行个人左右方向滚动动作，当听到信号时，两人用左手将球滚动给对方，双方继续做同样的练习，当听到教师喊停止时，游戏结束。

● 游戏要求：

1. 要求幼儿必须用左手滚球，并提示左手用力的方法和滚球的方向。

2. 滚球时，幼儿身体姿势不限。

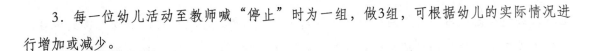

3．每一位幼儿活动至教师喊"停止"时为一组，做3组，可根据幼儿的实际情况进行增加或减少。

◆ 滚球游戏6

● **游戏玩法：集体活动：**

由若干名幼儿组成一组，成一路纵队，分别有四队比赛，比赛的距离为10米，并在终点设置一个标志物，排头的一名幼儿拿球。当听到信号时，排头的四名幼儿即刻起动，用左手进行向前的滚动，直到绕过标志物后，再用左手将球滚回，传给下一位幼儿继续进行下一组同样动作练习。以此类推直至最后一名幼儿完成，名次按先到为胜的顺序排列，并用小礼物或用其他的形式进行表扬或奖励。

● **游戏要求：**

1．要求幼儿必须用左手滚球，并提示左手用力的方法和滚球的方向。

2．滚球时，幼儿身体姿势不限。

3．教师要及时提示幼儿必须绕过标志杆后才能返回。

4．教师可根据幼儿的实际情况，进行2—3次的比赛练习。

◆ 滚球游戏7

● **游戏玩法：集体活动：**

把班里的幼儿平均分成相等的人数，并组成一个圆形，每人间隔距离50厘米。当听到信号时，让每一个圆中的一名幼儿用左手将球从左方开始采用"∽"形绕过圆上的每一位幼儿并将球交给下一名伙伴。以此类推，直至每一名幼儿依次完成，名次按用时少者获胜，并用小礼物或用其他的形式进行表扬或奖励。

● **游戏要求：**

1．要求每一位幼儿必须用左手滚球，并提示左手用力的方法和滚球的方向。

2．滚球时，幼儿身体姿势不限。

3．教师要及时提示幼儿必须采用"∽"形绕过每一位幼儿。

4．教师可根据幼儿的实际情况，进行2—3次的比赛练习。

◆ 滚球游戏8

● **游戏玩法：集体综合活动：**

由若干名幼儿组成一组，成一路纵队，分别有四队比赛，比赛的距离为10米，排头的幼儿拿球，当听到信号时，第一名幼儿先用左手进行原地拍球10次，然后用左手向前拍球，绕过标志杆后，再用左手将球滚给对方幼儿后原地站立；第二名幼儿接到球后，继续用左手做同样的动作练习；直到最后一名幼儿完成动作。名次按先到为胜的顺序排列，并用小礼物或用其他的形式进行表扬或奖励。

● 游戏要求：

1．要求每一位幼儿必须用左手拍球、滚球，并提示左手用力的方法和滚球的方向。

2．原地拍球时，必须拍够10次，运动时幼儿身体姿势不限。

3．教师要及时提示幼儿所采用的三种形式。

4．教师可根据幼儿的实际情况，进行2—3次的比赛练习。

◆ **滚球游戏9**

● 游戏玩法：集体综合活动：

由若干名幼儿组成一组，成一路纵队，分别有四队比赛，比赛的距离为10米，排头的幼儿拿球。当听到信号时，第一名幼儿先用左手进行原地拍球，并向左转体360度，然后用左手向前拍球，绕过标志杆后，再用左手将球滚给对方后原地站立；第二名幼儿接到球后，继续用左手做同样的动作练习；直到最后一名幼儿完成动作，名次按先完成为胜者。以此类推，并用小礼物或其他的形式进行表扬或奖励。

● 游戏要求：

1．要求每一位幼儿必须用左手拍球、滚球，并提示左手用力的方法和滚球的方向。

2．原地拍球时，必须要向左转体。

3．教师要及时提示幼儿所采用的四种形式。

4．教师可根据幼儿的实际情况，进行2—3次的比赛练习。

● 游戏提示：

在组织幼儿进行滚球游戏时，幼儿对掌握向前滚球的部位不会很准确，球会向左右滚出，直线性很差，此时教师不用着急，要想一些方法进行改正，比如：先让幼儿在原地用左手触摸球。在原地用左手左右前后地滚动球，使幼儿对球体有了一定的感觉，再让幼儿在很短的距离中进行两人的前后滚球游戏，这样逐渐地使幼儿对球产生更大的玩耍兴趣，在此基础上可适当地加大游戏的难度。这种循序渐进的活动方法就会收到好的教育教学效果。

问一问

你已经组织幼儿进行了多种全脑型球类游戏活动，你感觉如何？在活动中你有何收获？如果你能认真仔细地了解、学习、钻研全脑型操作的内容，你就会在组织和教会幼儿的同时，自己的综合能力也会不断地提高。另外，通过实践和学习，你能创编一些简单的幼儿全脑型活动内容吗？除了球类项目你还能在其他的内容中进行创编和发挥自己的潜能吗？通过与幼儿一起活动你的左侧肢体是否也有了一定的改善与提高？

（三）沙包类活动游戏

活动要求

1. 喜欢参与沙包类游戏活动，情绪愉快。

2. 锻炼幼儿的手眼协调能力。

3. 培养幼儿运用左右手的意识、能力，开拓右脑的思维、想象、记忆的能力，培养全脑型人才。

活动提示

1. 本教材的内容请老师依据幼儿的年龄及发展水平给予适当的选用。

2. 教师活动前的备课：

（1）观察幼儿是如何玩沙包的，教师以伙伴的身份参加到幼儿玩沙包的活动中。通过老师有意识的示范，启发幼儿用不同的方法玩沙包。

（2）指导幼儿掌握基本的抛接沙包的技能。

3. 过程：

（1）在欢快活泼的音乐声中，老师两手轮流抛接沙包，以此来激发幼儿对玩沙包的兴趣。

（2）幼儿人手一个沙包，教师按照设计好的玩法引到幼儿练习，加强对能力弱的幼儿的指导。

（3）提醒幼儿不要把沙包往其他小朋友身上、脸上、头上扔。

活动与研究

新的游戏又开始了，你组织过幼儿进行小沙包的游戏吗？组织此类游戏一方面可以利用沙包进行各种左侧肢体的运动，另一方面还可以组织指导幼儿开展各种沙包类的手工制作，但别忘了在制作中通过左手制作来刺激右脑以及左侧肢体的运动！在游戏中让我们一起来研究吧！

✧ 沙包游戏1

● **游戏玩法：单人活动：**

左右手交换沙包走图形。如"∽"、"S"、"∞"、"∝"等图形。

● **游戏要求：**

1. 走图形过程中左右手必须轮流交换，沙包不能掉地，如掉地，必须用左手捡起继续游戏。

2. 可根据幼儿水平适当增加难度，如两个图形组合或者多个图形组合。

3. 本游戏适合4岁以上幼儿玩。

✧ 沙包游戏2

● **游戏玩法：单人活动：**

1. 在距离圆圈5米处画一条投掷线。

2. 用左手向圈里投准，分别计分，其中最内圈5分、中圈3分、外圈1分，分多者获胜。

3. 第二轮用右手向圈里投准，分别计分，分多者获胜。

● **游戏要求：**

1. 必须站在投掷线外侧。

2. 对于能力弱的幼儿适当缩短投掷距离。

3. 本游戏适合4岁以上幼儿。

4. 本游戏可以适当变换竞赛形式，进行幼儿小组间对抗。

问一问：

你能很顺利地进行幼儿各项全脑型的体育活动吗？幼儿能听从你的指挥吗？你活动的效果明显吗？你是怎样进行全脑型教育活动的？幼儿是否愿意和你配合活动？每次活动后你给幼儿进行测试吗？你是如何判定幼儿智力发展的？你的活动能得到幼儿的喜欢吗？能得到幼儿家长的认可吗？他们对幼儿进行全脑型活动持何种态度？在活动中你一定会遇到各种的难题，你能坚持进行吗？通过学习和指导幼儿，你的左侧肢体活动是否也得到了不同程度的改变？你的思维和感觉是否也有了明显的提高？在活动中你是否也有很多的思考与创意？

（四）综合类运动游戏

活动目标

1．在活动中发展幼儿手眼协调、左手控制球、左脚单脚跳及平衡等综合能力。
2．培养幼儿的团队精神和合作意识。

 综合游戏1

- **活动准备：** 平衡木两个、皮球四个、小椅子两把。
- **游戏名称：** 集体活动"运球过桥"

将幼儿分成人数相等的两队进行比赛。比赛开始时每队的第一名幼儿用左手抱球从起点开始跑，跑到平衡木前迈上，开始用左手拍球，边拍边走过平衡木，抱球跳下。然后继续往前跑，跑到标志物处，双脚跳绳5次，完成后抱球跑回终点，将球交给下一名幼儿，游戏以此类推。先完成的队获胜。

- **规则：**

1．拍球过平衡木时如果球跑了，要将球找回重新过平衡木。
2．在转折点处必须完成跳绳5次方可折返。

● 活动提示：

1. 此游戏要在幼儿已经能熟练地掌握走过平衡木以及左手拍球技能的基础上进行。

2. 可先练习站在平衡木上拍球的技能，逐渐过渡到在平衡木上边走边拍。

3. 本活动适合5岁以上幼儿。

◆ 综合游戏2

● 游戏名称：集体活动"钻圈运球、投篮"

● 活动目标：

1. 左手拍球练习钻圈。

2. 培养幼儿的竞争意识和团队精神。

● 活动准备：两个拱形门、两个球。

将幼儿分成人数相等的两队，每队的第一个幼儿手持皮球。听到开始的口令后，先用左手运球到10米处拱形门前，将球拍过拱形门，然后继续运球行进5米左右到篮球架下进行投篮，待投进1次后方可双手抱球跑回起点，将球传给下一名幼儿。以此类推，直到最后一名幼儿跑回，先完成的队获胜。

● 活动提示：

1. 游戏设计时，拱形的门不能太小，以免碰头。

2. 必须要求幼儿用左手运球。

3. 本游戏适合4岁以上幼儿。

◆ 综合游戏3

● 游戏名称：集体活动"狩猎"

● 活动目标：

1. 发展左手投掷的动作以及准确能力。

2. 发展灵活躲闪和左脚跳的能力以及模仿的能力。

● 活动准备：小球两个。

● 游戏玩法：

让幼儿拉一个大圆圈，请两名幼儿在圈里模仿小动物，圈上的幼儿当猎人。游戏开始，圈上的"猎人"用左手投球打圈里的"小动物"，被"猎人"打中的"小动物"用左脚单腿跳5次，然后选择一种"小动物"模仿其叫声，并做动作碎步向左转体360度，待完成后回到圆圈上。随后，狩猎成功的幼儿进入圈中游戏继续开始。

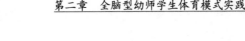

● **活动提示：**

1．球的大小要适宜，便于幼儿投打。

2．引导幼儿在游戏中不互相碰撞，注意安全。

3．本游戏适合4岁以上幼儿。

4．教师在游戏的整个过程主要充当不同的角色，使幼儿始终保持最好的情绪完成游戏的过程。

◆ 综合游戏4

● **游戏名称：集体活动"好玩的报纸"**

● **活动目的：**

1．训练幼儿掌握的走、跑、跳等基本动作。

2．通过尝试废旧报纸的多种玩法，发展幼儿的创新精神和探索能力。

3．培养幼儿的合作精神，以及机智、勇敢、遵守纪律的品质。

● **活动准备：**

1．若干废旧报纸。

2．录音机。

3．用报纸做的纸球，用报纸折的"宝物"如飞机、船、相机等。

● **活动内容及方法：**

1．教师先出示一张报纸做示范说规则：把手中的报纸放在地上，然后在报纸中间单脚站立，随着音乐单脚跳，在音乐响起到音乐停止的过程，谁跳出报纸外算输便不能继续游戏。然后请剩下的小朋友把地上的报纸对折，播放音乐，单脚跳，音乐停，看谁还在报纸中间。依此类推，报纸越折越小，难度越来越大。

2．请小朋友每人拿一张报纸准备游戏开始。

3．重点指导，自由练习，结合幼儿的玩法综合成一个游戏。

4．引导幼儿：探索一个人玩——把纸平放在胸前，快速向前迎风跑；把报纸折成小飞机玩；把报纸揉成小纸球，左手向前投掷、抛接；把报纸折成细细的一条，玩走钢丝的游戏，把报纸卷起来做望远镜……

5．探索两个人玩——把报纸卷成纸棒，两人左手击剑；两人背对背夹报纸侧行走；把报纸放在身后当作尾巴，玩抓尾巴的游戏；两幼儿拉着报纸离地一定高度，玩从下面钻、爬"山洞"的游戏……

● **活动提示：**

1. 在幼儿游戏的过程中可随时变换要求，如：用左手向前投掷、抛接。

2. 鼓励幼儿开动脑筋，创设更新、更多、更好的报纸游戏。

3. 在游戏的准备和过程中，教师要随时提示让幼儿用左侧肢体操作。

4. 强调游戏的安全意识，最好将体质能力差的幼儿分成不同的小组进行效果会更好。

5. 此游戏适合中大班年龄段的幼儿。

◆ **综合游戏5**

● **游戏名称：集体活动"小小保龄球"**

● **活动目的：**

1. 发展幼儿左手滚球知识和技能。

2. 促进肘、腕、指关节和前臂与手部肌肉的发育，提高其机能以及提高手眼协调能力。

3. 培养滚球击物的兴趣，发展方位、距离、力度和速度知觉。

4. 培养幼儿右脑思维的意识，开发全脑。

● **活动准备：**

1. 小篮球或者小实心球若干。

2. 滚球的目标物可以是易拉罐、积木块、圈等静态的物。

● **游戏方法：**

1. 幼儿排成一列横队，人手一球听信号后，用左手进行不同的滚球姿势与动作去击放在身前5—10米处的易拉罐或积木块。每人连续击3次，击中2次为合格。

2. 引导幼儿想一想此玩具能怎样玩，并尝试多种玩法。

3. 指导幼儿分别用左手和右手或双手滚球。

4. 此游戏适合4—6岁年龄段幼儿。

二、认知类游戏

活动目标

1. 培养幼儿积极参加益智类游戏，加强动手动脑的能力，培养良好的个性。

2. 引导幼儿练习用左手完成取放、描画、拼接等动作，培养幼儿左手的控制能力，发展左手的小肌肉群，锻炼手眼协调配合的能力，开发幼儿右脑的逻辑思维能力和记忆能力。

3. 培养幼儿做事的坚持性及耐心、细致、有序的良好品质。

游戏选材

1. 结合本班班级特色和幼儿年龄特点，有针对性地设计选择适合本班幼儿的活动内容，关注幼儿的个体差异，循序渐进地开展游戏，更好地促进幼儿发展。

2. 教师活动前的准备：

(1) 细致地观察、分析、了解本班幼儿发展状况。

(2) 了解各种游戏的方法、规则与要求以及活动的重点和难点。

(3) 根据幼儿水平找出最近发展区，选择适宜的内容，并将随着幼儿的发展不断延伸。

(4) 根据内容准备材料，检查材料是否齐全。

(5) 引导幼儿、细心、有序地操作玩具材料。

◆ 认知游戏1

● **游戏玩法：集体活动"贴商标"**

● **活动目的：**

1. 锻炼幼儿左手小肌肉的协调性，培养幼儿动手能力。

2. 培养幼儿思维的灵活性。

● **游戏准备：各种实物以及相对应的音节或词语卡片。**

实物可以按照类别来进行准备。比如：文具类：铅笔、尺子、橡皮、铅笔盒、练习本等；水果类：苹果、香蕉、梨、橘子等；蔬菜类：茄子、黄瓜、豆角、萝卜、南瓜等。

● **游戏方法：**

1. 在桌子上摆放各种实物，黑板粘贴好打乱的音节词或词语卡片。

2. 请若干名幼儿上台，从黑板上取下会读的一张音节词或词语卡片，接着用左手将它粘贴在相对应的物品上。

3. 贴完后请幼儿用左手举起粘贴好商标的实物，大声朗读。

4. 请其余的幼儿上前纠正贴错的卡片，贴完后左手举起实物，并大声朗读。

5. 游戏结束后，引导幼儿将实物放回储物箱。

6. 本游戏适合4—6岁幼儿参加。

● **活动提示：**

1. 游戏时必须用左手贴"商标"。

2. 游戏结束后，引导幼儿将教具主动地放回原处。

3. 教师要用准确、及时的示范提示幼儿进行游戏。

4. 可让幼儿主动在大家面前做表演，同时教师要不断地鼓励和表扬，激发起每一位幼儿参与的积极性。

◆ **认知游戏2**

● **游戏玩法：集体活动"有趣的数字"**

● **活动目的：**

1. 发现生活中的数字，初步了解它们的不同用途。

2. 学习运用数字解决生活中的一些实际问题，从中体验活动的乐趣。

3. 锻炼幼儿的左手小肌肉的协调性。

4. 激发对数字的兴趣，培养幼儿积极关注身边事物的情感态度。

5. 锻炼幼儿的逻辑思维能力。

● **材料准备：**

1. 提前引导幼儿收集生活中常见的有数字的物品进行展览。

2. 教具：0—9数字卡若干套，与幼儿人数相等的"我的卡片"，水彩笔等。

3. 教师拍摄生活中有数字的场景录像资料，如电话号码、汽车牌照、邮编……

● **游戏玩法：**

1. 找一找：发现物品上的数字，通过参观展览的形式让小朋友发现物品上的数字。你发现这些物品上都有什么？（数字——出示字卡）

2．玩一玩：数字组合游戏。游戏准备：看一看，你拿到的是哪两个数字？把小卡片上的数字贴在椅子上，大卡片上的数字拿在手里，数字朋友要来跟我们玩游戏呢！

3．游戏"找座位"：要求幼儿用左手找到座位号比手里的数字多1的座位坐下。

4．幼儿分组来进行数字组合游戏：你还想用这些数字组合成一个什么特别有意义的编码呢？看谁组合得多？

5．做一做：体验数字与自身的关系。你觉得我们周围生活中，我们的幼儿园，还有哪些地方需要数字呢？

6．幼儿尽量用左手制作"我的卡片"：学习在"卡片"上写上自己的生日、家庭电话、住址和姓名。

7．本游戏适合5岁以上幼儿。

◆ **认知游戏3**

● **游戏玩法**：集体活动"筷子拼图"

● **活动目的**：

1．能进行筷子拼图，体验成功的喜悦。发展幼儿手部小肌肉的灵活性、手眼协调能力。

2．能按一定的画面情节进行拼图。培养幼儿做事耐心细致、有始有终的良好习惯。

3．加强幼儿间的相互合作与团结。

● **材料准备**：一次性筷子若干、颜料。

● **游戏玩法**：

1．幼儿用左手随意进行拼图游戏，比如数字、动物、植物、火车等。

2．几名幼儿一起合作用左手进行拼图。

3．引导幼儿根据画面情节或线条进行拼图。

● **活动提示**：

1．幼儿自由观察筷子，发现筷子上的图案。

2．幼儿进行拼图活动。

3．幼儿动手制作拼图，幼儿练习在筷子上进行创作画。

三、生活类游戏

活动目标

1. 提高幼儿各种生活技能，增强自我服务意识和能力，培养幼儿良好的生活习惯以及爱劳动的好品质。

2. 通过生活活动，加强左侧肢体动作的活动，培养幼儿左侧肢体参与活动的意识。

3. 引导幼儿运用左手参与生活方面的活动，锻炼左手的力量、方向感、控制力以及小肌肉的灵活性。

4. 训练幼儿的手眼协调能力及灵活性。

活动提示

1. 根据幼儿的年龄特点、身心发展情况及幼儿的兴趣点，由浅至深地开展生活类的游戏。活动的同时关注个体差异，选择适宜的游戏。注重将各种能力的培养融入到一日生活的各项活动中，做到生活中处处有教育。

2. 教师活动前的备课：

（1）观察了解本班幼儿生活各方面能力的发展情况，关注幼儿的兴趣点。

（2）准备好活动时所需的生活方面的玩教具。创设宽松的环境，建立融洽的师生关系，使幼儿能够心情愉快地投入到活动中。

（3）与合作的老师共同探讨每次活动，分析效果，及时改进，做到寓教于乐。

3. 活动过程：

（1）以幼儿感兴趣的故事、诗歌、游戏等方式吸引幼儿参与生活活动，激发他们参与生活活动的愿望。

（2）以幼儿能够接受的方式向他们讲述游戏规则，在游戏活动中鼓励幼儿不怕困难，对个别能力弱的幼儿给予耐心的引导与帮助，也可根据情况适当降低游戏难度，使每个幼儿都有成功感，获得成功与自信。

（3）耐心倾听幼儿对活动的想法和建议，积极采取他们喜欢的方式开展活动，使每个幼儿都能在活动中得到左脑的开发和身心的和谐发展。

当儿童在适当的环境中生活和学习时，认知发展和脑的生长都表现出惊人的弹性和可塑性。

脑的生长包含了反复出现的神经网络和学习的发展周期，在这个过程中，儿童不仅学习一次技能和概念，而且在每一个最佳水平上对它们进行重新学习和加工。

儿童（和成年人）在多种机能和理解水平上运作，即便是对于一个单一的主题或领域。他们的概念和技能处于广泛的各种差异水平上，而平常的运作是在最佳的水平上。

个人的技能和理解水平一般取决于情境对于高水平运作的支持。有效的教学和有效的文本呈现（在年龄较大时）能有力地支持高水平的运作。但消除支持会使得理解水平自然、迅速地下降。

教育者在教育儿童时，既要着眼于较低水平，也要着眼于最高水平，因为独立的学习和思维通常发生在较低水平，而最佳运作只限于支持性情境。

——自（K·W·费希尔、S·P·罗斯著，郑太年译：《脑和心的发展周期》，《全脑教育展望》，2001年第5期）

第三章　全脑型体育教学模式在幼儿园的教学实例

第一节　运动类游戏

一、球类活动游戏

拍球游戏1

- 游戏名称：拍球走线

- 游戏玩法：单人或双人活动

1. 教师提前在场地上画好长短不同的直线。

2. 开始练习时可画好一条或几条直线，指导幼儿边用左手拍球边沿线走，走到终点为胜。

3. 幼儿熟练后可适当增加难度，加长直线距离，或在中间设置障碍，幼儿左手拍球绕障碍走（曲线走）。

4. 幼儿进一步熟练后，可以采用两人竞赛或集体竞赛的形式进行，提高练习的兴趣，培养幼儿的竞争意识以及合作能力。

- 游戏要求：

1. 每人一球。

2. 必须用左手拍球沿线走。

3．如果球跑了或没沿线走要回原位重新练习。

4．本游戏适合4岁以上幼儿。

◆ **拍球游戏2**

● **游戏名称：花样拍球**

● **游戏玩法：双人活动**

1．A、B两名幼儿面对面站立，中间相距两米左右（依据幼儿实际能力而定）A幼儿可先开始做，用左手拍球三下后抬左腿迈过球后再继续拍，重复三次后变为左右手交替拍球，边拍边走至B幼儿处，B幼儿重复A幼儿的动作走回A幼儿处。

2．熟练后可将两人之间的距离加长，或增加动作难度，如：左手拍球左腿迈球后，在原地转一圈或两圈（根据幼儿能力而定）再接着拍，再左右手交替拍球传给对方。或者在中间设置障碍，要求幼儿左右手拍球走曲线。

● **游戏要求：**

1．A、B两名幼儿之间的距离可由近到远。

2．幼儿在游戏过程中未完成以上动作的，要重新进行。

3．本游戏适合5岁以上幼儿。

◆ **拍球游戏3**

● **游戏名称：拍球转圈**

● **游戏玩法：单人活动**

幼儿人手一个皮球，左手拍球进行顺时针或逆时针方向移动，转完两圈不掉球者为胜利。

● **游戏要求：**

1．鼓励幼儿坚持左手拍球，尽量不掉球。

2．转圈的大小、速度可根据幼儿掌握情况而变化。

3．本游戏适合4岁以上幼儿。

◆ **托球游戏**

● **游戏名称：托球走**

● **游戏材料：三人一个皮球**

● **游戏玩法：三人活动**

一幼儿手托着球站在起始点，听到出发指令后，左手托着球向前走，走到站在终点的幼儿面前，将球抛给他，其双手接球后左手托球走至第三个幼儿，第三个幼儿再重复以上动作抛给第一个幼儿。

● 游戏要求：

1．幼儿必须用左手托球。

2．中途掉球后必须捡起来继续游戏。

3．活动时不能影响别人（如：推、挤、抢）。

4．本游戏适合3岁幼儿。

● 活动延伸：

幼儿熟练后可以组织10—20人的左手托球接力赛。

◆ 滚球游戏

● 游戏名称：滚球接力赛

● 游戏材料：皮球每人一个，小椅子两把

● 游戏玩法：集体活动（10—16人）

以（1—2—1—2）的形式报数，将幼儿分为两组，分别在指定起跑线后站好队。听到出发口令时，每队的第一个幼儿用左手滚球直线走，到终点绕过各队的小椅子后再返回起跑线，第二名幼儿才能滚着球出发。以此类推，先完成的一队获胜。

● 游戏要求：

1．幼儿左手滚球，走直线。

2．滚球时速度不能太快，不能一下将球滚出很远，学会控制球速和方向。

3．本游戏适合4岁以上幼儿。

● 活动延伸：

可以增加难度，左手运球走比赛，或右手持物左手拍球走比赛。

二、沙包类游戏

◆ 沙包游戏1

● 游戏名称：托沙包走平衡木

● 游戏玩法：单人

右手和左手轮流交换托着沙包走平衡木。

● 游戏要求：

1．沙包不能掉地上，人也不能从平衡木上半途掉下来。

2．可根据幼儿水平适当增加难度，如头顶沙包的同时再用手托沙包走过平衡木。

3．本游戏适合4岁以上幼儿。

◆ **沙包游戏2**

● **游戏名称：扔接沙包**

● **游戏玩法：单人**

1．左手向上抛扔沙包后用右手接。

2．右手向上抛扔沙包后用左手接。

3．两手轮流反复抛接。

● **游戏要求：**

1．在上述两种沙包的游戏中，一定要求幼儿两只手轮流进行不可只用同一只手进行。

2．对于能力弱的幼儿适当降低要求。

3．本游戏适合4岁以上幼儿。

三、综合类运动游戏

◆ **游戏1**

● **活动名称：运球过桥**

● **活动目标：**

1．在有趣的活动中发展幼儿手眼协调、左手控制球、左脚单脚跳及平衡等综合能力。

2．培养幼儿的团队精神和合作意识。

● **活动准备：平衡木两座、皮球四个、小椅子两把。**

● **活动内容及玩法：**

将幼儿分成人数相等的两队进行比赛。比赛开始时每队的第一个幼儿左手抱球从起点开始跑，跑到平衡木前迈上，开始用左手拍球，边拍边走过平衡木，抱球跳下。然后继续往前跑，跑到小椅子处，用左脚跳绕椅子一圈，抱球跑回终点，将球交给下一名幼儿，游戏依次进行，哪队幼儿先完成哪队幼儿获胜。

● **规则**：拍球过平衡木时如果球跑了，要将球找回重新过平衡木。

● **教学提示：**

1．此游戏要在幼儿已经能熟练地掌握走过平衡木以及左手拍球技能的基础上进行。

2．可先练习站在平衡木上拍球的技能，逐渐过渡到在平衡木上边走边拍。

3．本活动适合5岁以上幼儿。

◈ **游戏2**

- 活动名称：拍球转手巾花
- 活动目标：

1. 锻炼幼儿的小肌肉的灵活性。

2. 练习左手拍球的能力。

- 活动准备：皮球、手巾花人手一个。
- 活动内容：

幼儿右手拿手巾花，左手拿球。游戏开始，幼儿右手先将手巾花转起，然后左手开始拍球。拍球和转手巾花同时进行。十个为一组，做3组（也可增加或减少），然后左右手交换。

- 教学提示：

1. 可先单手练习后再双手同时进行。

2. 教师要依据幼儿的实际水平由少到多。

3. 本活动适合5岁以上幼儿。

◈ **游戏3**

- 活动名称：钻圈运球
- 活动目标：

1. 练习钻圈的同时左手拍球。

2. 培养幼儿的竞争意识和团队精神。

- **活动准备**：两个拱形门、两个球。

- **活动内容**：

将幼儿分成人数相等的两队，每队的第一个幼儿手持皮球，听到开始的口令后，先用左手运球到拱形门前，将球拍过拱形门，然后双手抱球跑回，将球传给下一名幼儿。如此反复，直到最后一名幼儿跑回，先完成的队获胜。

- **教学提示**：本活动适合4岁以上幼儿。

游戏4

- **活动名称**：猎人打猎

- **活动目标**：

1. 练习左手投掷的动作以及准确性。

2. 练习灵活躲闪和左脚跳的能力。

- **活动准备**：小球两个。

- **活动内容**：

幼儿拉一个大圆圈，请十名幼儿在圈里当小动物，圈上的幼儿当猎人。游戏开始，圈上的"猎人"用左手投球打圈里的"小动物"，被"猎人"打中的"小动物"用左脚单腿跳回圈上，"小动物"都被打中后游戏重新开始。

- **教学提示**：

1. 球的大小要适宜，便于幼儿投打。

2. 随时提醒幼儿在游戏中不互相碰撞。

3. 本活动适合4岁以上幼儿。

游戏5

- **活动名称**：有趣的报纸

- **活动目标**：

1. 在游戏中发展钻、爬、跑、跳、平衡、手眼协调等综合能力。

2. 能积极参与，大胆创设，利用废旧报纸制作户外玩具，大胆尝试新的玩法。

3. 培养团队精神和竞争意识。

- **活动准备**：

1. 报纸树：把旧报纸卷成筒贴好，再用剪刀纵向剪成条，最后小心地从里层抽出成树冠状，并插在饮料瓶中。

2. 甲壳虫：把旧报纸根据长短的需要首尾粘贴好，再进行加厚折叠，成宽带状，最后把首尾装订，呈环状器具，并在外层装饰上斑纹。

3. 小路、小河：把旧纸裁成宽窄不一的纸带，宽窄既适合幼儿动作的现有水平，又有一定的挑战性。

4. 炸弹、小猪：把报纸团成大小不一的球体，用胶袋加固，并把大的纸团装饰成猪脸。

5. 赶猪棒：用旧报纸卷成棒，粘牢。

● **活动内容及方法：**

1. 教师引导、鼓励幼儿想各种办法将报纸制作成户外玩具，并用自己制作的玩具演示玩法，相互交流学习，用做成的玩具进行抛、投、踢等练习。

2. 游戏：救小猪

（1）出示教师制作的报纸玩具，提议用这些玩具做游戏。

（2）情景导入。

（3）师生共同探讨、摆放玩具，设置障碍（障碍：a. 跑过森林；b. 跨过小河；c. 走过小路；d. 爬行前进；e. 跳过障碍；f. 赶小猪）设定游戏规则。

（4）游戏进行：先请几名能力强的幼儿比赛，教师做动作提示，然后以小组接力赛的形式进行游戏竞赛。

将幼儿分成人数相等的两队，比赛开始时，每队的第一个幼儿跑过森林（报纸树摆成）、跨过小河（用报纸条摆成）、走过小路（由报纸剪成）、爬过"甲壳虫"、跳过障碍（由报纸摆成）、用小棍把小猪赶回起跑点。

● **教学提示：**

1. 引导幼儿在游戏中利用报纸制作的玩具设置障碍。如：走S型跑过森林；跨跳过用报纸条摆成的小河；走过用报纸剪的小路；跳过用报纸摆成的障碍；最后用报纸小棍把小猪赶回终点。

2. 在幼儿游戏的过程中可随时变换要求，如：用左脚跨过小河、用左脚跳过障碍、用左手持小棍赶小猪等。

3. 鼓励幼儿开动脑筋，创设更新、更多、更好的报纸游戏。

4. 本活动适合中大班年龄段的幼儿。

✦ 游戏6

● **活动名称：响铃彩球**

● **活动目标：**

1. 能用身体的各个部分大胆探索彩球的多种玩法，且动作协调、灵活。

2．能尝试运用辅助材料玩彩球。

3．积极参与活动，体验合作游戏的乐趣。

4．培养幼儿的想象力及创造力。

● **活动准备：**

1．内装小铃铛的彩色气球若干（数量多于幼儿人数）。

2．旧报纸、丝巾、纸棒、绳、垫板等辅助材料。

● **活动内容及方法：**

1．出示彩球，请幼儿给它起一个好听的名字。

2．引导幼儿用响铃彩球发出有节奏的声音，一起玩一个彩球与铃鼓对话的节奏游戏，彩球的节奏要和铃鼓的节奏一样。

3．用彩球给歌曲配节奏，师生共同随音乐演唱并伴奏。此玩法适合4—6岁年龄段幼儿。

4．自由玩球，探索玩法。鼓励幼儿尝试彩球的多种玩法。

5．追逐踩球。此玩法适合4—6岁年龄段幼儿。

请幼儿将彩球系在左脚踝上，既要保护好自己的球不被踩破，还要试着用左脚去踩破别人的球，最后，算一算自己一共踩了几个球。

6．教师用语言提示，幼儿动作模仿。

"我给彩球打气，彩球越来越大，彩球飞起来了，彩球落下来了，彩球飞走了……"幼儿做出自己想象的相应的动作。此玩法适合4—6岁年龄段幼儿。

● **教学提示：**

1．教师可引导幼儿用不同的方法摇出节奏，如：用左手持彩球敲打左腿；转动手腕发出有节奏的声音等。

2．引导幼儿用身体的各个部位玩彩球，如：用双手托打球，用头互相顶球，用左膝盖顶球，左脚踢球，或两人合作玩互相抛接球、顶球、左脚传球、滚球等。

3．鼓励幼儿运用辅助材料玩彩球，如：用报纸、丝巾托球；用报纸小棍赶球；用绳子拴好后带球跑使球飞起来等。

4．指导幼儿会用双侧的肢体完成各个动作。

5．本活动适合中大班年龄段的幼儿。

◆ **游戏7**

● **活动名称：球拍**

● **活动功能：**

1．锻炼幼儿手眼协调的能力。

2．发展幼儿的平衡能力。

3．培养竞争意识。

● **活动准备：**

1．将硬铁丝弯成球拍状。

2．把旧长筒袜套在球拍外，将多余处在球拍把上缠绕好，用胶带缠绕固定。

● **活动内容及方法：**

1．出示玩具，引导幼儿说出此玩具的制作材料，并讲解玩法。

2．教师指导幼儿在球拍上放一个乒乓球或小弹球，一只手持拍，托球进行直线走或曲线走练习。

3．指导幼儿进行小组之间的托球走比赛。

4．引导幼儿将球抛起来，再用球拍接住球，做自抛自接的游戏，并自由结伴进行抛接球比赛。

● **教学提示：**

1．指导幼儿比赛应由易到难，逐渐增加难度。如：先进行直线走比赛，再进行曲线走比赛，还可进行托球走过障碍比赛等。

2．帮助幼儿总结出托球走又快又稳的方法。

3．鼓励幼儿创造出多种玩法。

4．指导幼儿既能用右手托球走、抛接球，又能用左手托球走和抛接球。

5．本活动适合中大班的幼儿。

◆ **游戏8**

● **活动名称：多功能飞轮**

● **活动功能：**

1．练习抛接动作。

2．锻炼小肌肉的灵活性。

● **活动准备：**

1．将喜乐瓶从中间剪断，每截由剪口处平分8等分，再剪为8条，底部留2厘米不剪断，分别把八条向外翻成伞状。

2．将剪好的两截伞状喜乐瓶对好，用针线分别把每条顶端一一对应地缝在一起，用即时贴将缝在一起的部分粘住，使之牢固、美观。其他部分也可适当装饰。

● **活动内容及玩法：**

1. 幼儿可独自抛接飞轮。

2. 两人之间互相抛接飞轮。

3. 在地面上用手旋转玩。

4. 用纸棒穿进飞轮中部的孔中旋转着玩。

5. 多个摆在地上可练习立定跳远。此玩法适合4—6岁年龄段幼儿。

● **教学提示：**

1. 出示玩具并给它起个名字，说一说此玩具的制作材料及制作方法。

2. 引导幼儿想一想此玩具能怎样玩，并尝试多种玩法。

3. 在抛接飞轮时，教师帮助幼儿摆出正确的姿势，提醒幼儿不要往别人身上或头上抛，注意安全。

4. 指导幼儿分别用左手和右手或双手抛接飞轮、旋转飞轮。

5. 本活动适合中大班幼儿。

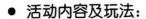 游戏9

● **活动名称：球类游戏**

● **活动目标：**

1. 发展幼儿平衡能力及小肌肉的灵活性。

2. 锻炼幼儿手眼协调的能力。

3. 培养合作精神及竞争意识。

● **活动准备：**

报纸两张；大皮球、小皮球若干；木棍四根；木板两块。

● **活动内容及玩法：**

1. 将幼儿分成人数相等的两队进行接力赛。比赛开始时每队的第一个幼儿头顶一张报纸从起点向前走，到达各自的小皮球处取下报纸，将一只皮球放在报纸上，托回起点，将报纸交给第二人，以此类推。先完成的一队为胜。

规则：头顶报纸时不能用手扶，若报纸滑落，捡起重新开始。托球时若球落地，捡起继续。

2. 将幼儿分成人数相等的四队，两队为一组，幼儿两人一组面对面站好。比赛开始时，将一个皮球放在木板上，两人分别抬着木板的两边向前走，到终点后放下木板，两人每人拿起一根木棍夹起一个皮球走回起点。交给下两名幼儿，这两名幼儿每人接过一根木棍将球夹到终点，放下木棍，再用木板把球抬回起点。以此类推，先完成的一组为胜。

规则：手不能碰球，若球落地，必须捡回球在落地处继续前进。

● **教学提示：**

1．出示小棍、木板、皮球、报纸等，引导幼儿想一想怎样不用手直接接触球，利用这些工具将球挪动，并请幼儿自由尝试练习。

2．请部分幼儿展示自己的玩法。

3．引导幼儿总结出走得稳、又不掉球的好方法，从而理解相互配合、合作的重要性。

4．鼓励幼儿想出更多的玩球的好方法。如：用两个小球夹住一个大球走的方法；两个人用身体夹住球走的方法等。

5．本活动能使幼儿的双手都得到练习。适合5—6岁年龄段幼儿。

第二节　认知类游戏

◆ **认知游戏1**

● **游戏名称：迷宫游戏**

● **游戏目标：**

1．锻炼幼儿左手小肌肉的协调性，培养逻辑思维能力。

2．培养幼儿的秩序感，做事有序。

材料准备：托盘一个（内装用夹子夹好的拼图若干，水彩笔2支，叠好的抹布一块）

游戏玩法：该游戏适合4岁以上1—2人参加。

1．取装有拼图的托盘放在桌子上，取一张拼图和一支水彩笔，把水彩笔放在拼图旁边。

2．把托盘放回教具柜。

3．仔细观察图片，左手拿笔按照从入口到出口的顺序描写路线。

4．从教具柜里双手取出托盘放在桌上，从托盘里拿出抹布擦掉刚才画过的笔迹。

5．把拼图、水彩笔放回托盘，双手把托盘放回原处。

● **教学提示：**

1．拼图最好塑封，便于重复使用。

2．初次游戏时可先用左手徒手在拼图上描写，熟练之后再用笔。

3. 轻拿轻放教具，做事有序。

4. 游戏之后把物品放回原处。

◆ 认知游戏2

● 游戏名称：一百板

● 游戏目标：

1. 培养幼儿的数概念，练习100以内的数序。

2. 锻炼幼儿的左手小肌肉的协调性。

3. 培养幼儿的秩序感。

4. 锻炼幼儿的逻辑思维能力。

● 材料准备：

1. 大托盘一个（内装写有1—100数字的厚纸板）。

2. 小托盘一个（内装10个装有数字卡片的瓶子，分别是1—10，11—20，21—30，31—40，41—50，51—60，61—70，71—80，81—90，91—100）。

3. 画100个方格的带边木板一块。

● 游戏玩法：该游戏适合5岁以上1—2人参加。

1. 双手依次把大小托盘和带边的木板取出。

2. 把用具放在桌上，分别把100数字板小托盘和带边木板按从左至右的顺序接好。

3. 大托盘放回教具柜。

4. 按照100数字板上数字的顺序分别用左手打开小瓶，取出数字，按顺序左手一个一个放在带边木板的格内。

5. 游戏后把物品按顺序收回原处。

● 教学提示：

1. 轻拿轻放。

2．小瓶上贴上写有数序的标签，以便于查找，同时也能够培养幼儿对数序的认识，培养秩序感。

3．初次游戏可先不取带边数字板，只把数字卡片放在写有1—100数字的厚纸上即可。

4．幼儿游戏操作熟练后可不用1—100数字板，直接用左手将数字卡片放在带边木板上。

5．安静地进行游戏。

认知游戏3

● **游戏名称：三项式盒**

● **游戏目标：**

1．培养幼儿的观察力，锻炼幼儿的逻辑思维能力。

2．锻炼幼儿左手小肌肉协调性。

3．培养幼儿秩序感及合作意识。

● **材料准备：**

三项式盒，小块地毯或桌子。

● **游戏玩法：** 该游戏适合5岁以上1人或2人游戏。

取出小地毯放在指定地点。

1．双手端出三项式盒。

2．左手打开盒盖，将盒内小积木一块块取出，放在地毯一边。

3．左手按照由小到大，由薄到厚的顺序摆放整齐。

4．按照盒上的图例仔细观察小积木周围颜色，将积木用左手一块块放回盒中。

5．双手将三项式盒放回教具柜。

6．卷好地毯，放回地毯架。

● **教学提示：**

1．必须一块一块拿出小积木，不得倾倒。

2．轻拿轻放，用后归位。

3. 由于三项式盒内的积木为多层摆放，可两人轮流按顺序摆。

4. 仔细观察积木四周颜色，相邻积木颜色必须吻合。

◆ 认知游戏4

● 游戏名称：拼图

● 游戏目标：

1. 锻炼幼儿左手小肌肉的协调性，培养逻辑思维能力。

2. 培养幼儿耐心细致，做事有始有终。

● 材料准备：

装有拼图的托盘一个。

● 游戏玩法：

适合4岁以上幼儿单独游戏。

1. 取出装有拼图的托盘放在桌子上。

2. 将拼图碎片一片一片取出。

3. 左手把拼图碎片拼出完整图案。

● 教学提示：

1. 安静游戏。

2. 轻拿轻放物品，用后归位。

3. 最好用硬纸或塑封纸制作拼图。

4. 拼图两面用不同颜色。

5. 初次开展游戏时可用原图与碎片对照。

6. 由易到难，循序渐进。

◆ 认知游戏5

● **游戏名称：看数字涂颜色**

● **游戏目标：**

1. 指导幼儿认识数字1至10，了解数字与颜色之间的对应关系。

2. 培养幼儿左手小肌肉的协调性。

3. 培养幼儿的观察力和思维能力。

● **材料准备：**

1. 印有数字及颜色说明的黑白图案纸一张。

2. 装有彩色铅笔的小木盒。

● **游戏玩法：**

该游戏适合4岁以上幼儿单独游戏。

1. 从纸张架中取出印有数字及颜色说明的黑白图案纸一张。

2. 取出装有彩色铅笔的小木盒。

3. 仔细阅读说明，按要求用左手拿笔在相应地方涂色。

4. 涂好后用右手拿铅笔在作品上写上名字或学号。

5. 将物品放回原处。

● **教学提示：**

1. 按要求涂色。

2. 引导幼儿分类涂色，如：按数字编码的顺序给图形涂颜色。

3. 鼓励幼儿按多种顺序涂色，激发创造力。

4. 安静有序，轻拿轻放物品。

◆ 认知游戏6

● **游戏名称：福乐贝尔拼图**

● **游戏目标：**

1. 锻炼幼儿的手眼协调能力。

2. 在操作中感受物体的对称及其特征。

3. 发展幼儿的逻辑思维和推理能力。

● **游戏玩法：**

该游戏可由一人单独进行或两人共同操作。

一、拼图

（一）一人单独进行

左手/单手操作：

1. 给幼儿看拼图的右半部分，让幼儿对照右半部分用左手拼出左半部分。

2. 给幼儿看全图，引导幼儿用双手按从上到下，从左到右的顺序拼出来。

3. 以上游戏适合4岁半—6岁幼儿。

（二）两人共同操作

1. 双方共同选择一个图案，两个人分别拼图案的左半部分和右半部分（习惯于右手的拼左半部分，习惯于左手的拼右半部分）。

2. 双方共同选择一个图案后可以比赛用双手操作，看谁拼得快。

3. 以上游戏适合5岁以上幼儿玩。

二、图形排队

1. 按相同颜色、大小、不同形状排序。

2. 按相同形状、大小、不同颜色排序。

3. 按相同颜色、形状、不同大小排序。

4. 以上游戏适合5岁以上幼儿。

● **教学提示：**

1. 拼图图案可以由易至难。

2. 双手玩拼图时一定引导幼儿要按从上到下，从左到右的顺序进行，以培养幼儿的秩序感，为幼儿的学前书写打下基础。

3. 可以将相同数量的图形排出不同队形，体验数的守恒。

✦ **认知游戏7**

● **游戏名称：照片复制/照片修复**

● **游戏目标：**

1. 锻炼幼儿的手眼协调。

2. 培养幼儿的逆向思维。

● **游戏玩法：**

1. 给幼儿剪掉左半部分的照片，贴在白纸上，鼓励引导幼儿用左手根据右半部分的样子画出左半部分。

2. 给幼儿整张照片，鼓励幼儿用左手画出简单轮廓。

3. 给幼儿整张照片，鼓励幼儿用双手画出轮廓。

● **教学提示：**

1. 鼓励多数幼儿用左手完成。

2. 照片内容要由简单到复杂，背景要单纯。

3. 照片内容最好是对称物品，以后可视幼儿能力逐步加深内容。

◆ 认知游戏8

● **游戏名称：小巧手**

● **游戏目标：**

1. 锻炼幼儿手眼协调。

2. 开拓幼儿思维，培养幼儿创造力。

● **内容和方法：**

（一）美食坊

适合3—4岁幼儿：给幼儿画有直线的纸，鼓励幼儿左手拿剪刀剪成纸条（面条）。

适合4岁半以上幼儿：给幼儿画有圆弧线的纸，鼓励幼儿用左手剪下成薄饼。给幼儿提供画有复杂线条的纸，可以剪成饺子，花点心等。

（二）剪花坊

适合4岁半以上幼儿：鼓励幼儿双手折好窗花形状的纸后，左手剪出自己喜欢的样式。

（三）动物剪纸

适合5岁以上幼儿：幼儿可以根据自己的喜好用左手剪出小动物，并且贴在一张背景纸上或相框内做成漂亮的装饰品。

● **教学提示：**

1. 根据幼儿年龄和发展状况提供大小薄厚不同的纸张。

2. 幼儿玩美食坊游戏中剪面条的线可以由稀至密逐步加大难度。

3. 在初步玩（二）（三）项游戏时可以提供画有全部轮廓线的纸张，并在幼儿熟练后提供画有部分轮廓线的纸张直至取消轮廓线。

4. 鼓励幼儿想出更多剪纸。

第三节 生活类游戏

◇ 活动1

● **教学名称：扫地工作**

● **教学目的：**

1．锻炼幼儿左手扫地能力。

2．锻炼幼儿两只手的配合扫地能力。

● **教学提示：**

1．给幼儿准备适于他们操作的小型塑料簸箕和扫把。

2．平日幼儿有这方面的操作经验。

3．让幼儿左右手轮流去拿扫把和簸箕（左手拿扫把右手拿簸箕，反之右手拿扫把，左手拿簸箕）进行两手的配合。

● **内容方法：**

1．事前制造一个满地散着纸片、豆豆等杂物的区域，请小朋友想想用什么办法把地弄干净。

2．请幼儿用老师提供的劳动工具把地面的东西收拾干净，在幼儿操作当中，老师和幼儿一起试着两手轮流去用扫把和簸箕。

3．以鼓励和奖励的方式激发幼儿左右手轮流交替配合。

◇ 活动2

● **活动名称：多米诺骨牌游戏**

● **活动目的：**

1．学习用左右手合作从两边同时摆放骨牌。

2．摆放骨牌时能够控制左右两端的距离，尽量相等。

● **内容方法：**

1．教师向幼儿示范多米诺骨牌的游戏（也可摆成不同的图形）激发幼儿的兴趣。

2．请幼儿思考，怎样摆才能更快一些。（双手同时工作）

3．请幼儿自己尝试双手同时摆骨牌，并通过实践检验效果。

4．请幼儿分别说说自己用双手摆完，再推倒后遇到的问题（如：不能全部倒下），大家一起探讨解决的方法。（注意距离和角度）

● **教学提示：**

1．课前进行铺垫先让幼儿了解多米诺骨牌的特点及摆放的要求。

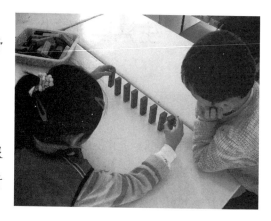

2．幼儿有单手摆放的经验。

3．本活动适合4岁以上幼儿。

● **活动延伸：**当幼儿受手臂长度的局限时，可鼓励幼儿从一侧用双手一前一后地同时摆放骨牌。

◆ **活动3**

● **活动名称：喂小熊**

● **活动目的：**

训练幼儿用左右手使用筷子，提高左右手小肌肉的灵活性和控制能力，从而促进左右脑的开发。

● **活动准备：**

自制小熊玩具、筷子、小筐、纸团、海绵块、桃核、塑料片等。

● **内容方法：**

1．教师模仿小熊说话："小朋友每天都给我喂好吃的，我特别高兴，可有一次，我发现了一个小朋友用他平时不拿筷子的手夹东西喂我，他真棒！我想和他做好朋友，他是谁呢？"鼓励幼儿使用不经常拿筷子的手喂小熊。

2．在活动中不断地鼓励幼儿，不怕困难，坚持练习。

3．指导幼儿用双手轮流喂小熊。

● **教学提示：**

教师要观察幼儿平时进餐时所习惯使用的一侧手，鼓励幼儿练习用平日里不经常使用的那只手去夹"食物"喂小熊。

本活动适合4岁以上幼儿。

● **活动延伸：**

可根据幼儿的发展情况变换"食物"（如：可从较简单的夹纸团、海绵逐渐转变为夹桃核、塑料片、各种豆类等）。

活动4

● **活动名称：饼干分类**

● **活动目的：**

1. 训练幼儿用左右手使用筷子，提高左右手小肌肉的灵活性和控制能力，从而促进左右脑的开发。

2. 引导幼儿按不同的形状、颜色给"饼干"分类。

● **活动准备：**

串珠玩具、月饼盒、筷子、小盘、托盘。

● **教学提示：**

1. 教师要观察幼儿平时进餐时所习惯使用的一侧手，鼓励幼儿练习用平日里不经常使用的那只手去夹"饼干"。

2. 幼儿已具有一定的分类基础。

3. 本活动适宜4岁以上幼儿。

● **内容方法：**

1. 以游戏形式介绍活动："小朋友们要吃饼干了，他们的口味都不同，可饼干却混在了一起，让我们来把饼干分分类吧。"

2. 先请幼儿用习惯使用的手来夹"饼干"进行分类。

3. 鼓励幼儿用另一只手尝试夹"饼干"进行分类。

活动5

● **活动名称：盛饭的工作**

● **活动目的：**

1. 锻炼幼儿左、右手的配合能力。

2. 锻炼幼儿左、右手的控制能力，以及手眼协调的能力。

- **活动准备：**

适合幼儿使用的盛饭盆和勺子，高度适宜。

- **教学提示：**

1．为幼儿准备适合他们使用的盛饭工具。

2．幼儿已经具有独立盛饭的能力。

3．刚开始练习时，不要盛得过多，防止撒饭。

4．本活动适合4岁以上幼儿。

- **内容方法：**

1．教师用鼓励的口吻引导幼儿练习用平时不经常使用的一侧手给自己盛饭。如：
"老师发现咱们班有几个小朋友可能干了，他们不光能用右手盛饭，也能用左手盛饭，而且盛得很好，咱们一起看看，班里有多少这样能干的小朋友。"

2．鼓励幼儿独立尝试用左（右）手盛饭。

3．请做得较好的小朋友向大家介绍自己的经验。

- **活动延伸：**

可以鼓励幼儿用左、右手练习盛汤。

✦ **活动6**

- **活动名称：接水的工作**

- **活动目的：**

1．锻炼幼儿左右手的配合能力。

2．锻炼幼儿左右手抓握以及负重的能力。

3．锻炼幼儿手眼协调的能力。

- **活动准备：水杯、彩色丝带。**

- **教学提示：**

1．教师要观察了解幼儿平时接水时所习惯握水杯的手，鼓励幼儿练习用平日里不经常使用的那只手握水杯接水。

2．初次练习时，水不要接得过多。

● 内容方法：

1. 将幼儿平时接水时不经常握杯子的一侧手臂上系一根彩色丝带。

2. 提示并鼓励幼儿用系着彩色丝带的手臂握杯子接水，提醒幼儿刚开始时不要接得太多。

3. 请幼儿互相观察，并比比看，谁接水最稳，不撒水。

 活动7

● **活动名称：开锁游戏**

● **活动目的：**

1. 练习用左右手配合开锁。

2. 训练左右手小肌肉的力量和灵活性。

● **活动准备：**

锁、与锁对应的钥匙、托盘。

● **教学提示：**

1. 引导幼儿用平日习惯使用的手用钥匙将锁打开。

2. 鼓励幼儿尝试用不经常使用的手拿着钥匙开锁。

● **内容方法：**

1. 向幼儿介绍锁和钥匙，使幼儿了解锁的用途以及锁和钥匙的关系（一把钥匙开一把锁）。

2. 请幼儿探索用钥匙开锁的方法（自己对钥匙孔）。

3. 请已打开锁的小朋友向大家介绍他开锁的方法。

4. 幼儿一起开锁，教师观察幼儿习惯使用哪只手。

5. 引导幼儿使用另一只手拿着钥匙开锁。

● **活动延伸：**

用大小不同的锁和钥匙混在一起，请幼儿通过实践，寻找对应的锁和钥匙（锁和钥匙配对），熟练以后，换手练习。

◆ 活动8

● **活动名称：拧瓶子盖**

● **活动目标：**

1. 锻炼左、右手的配合能力及方向感。

2. 锻炼左、右手小肌肉的力量。

● **活动准备：**

大小不同的带盖的瓶子，里面分别装上小的物品（如：小球、小棍儿等）。

● **活动提示：**

瓶盖不宜拧得太紧。

● **内容和方法：**

1. 教师做出发愁的样子，对幼儿说："这些瓶子里有我特别需要的东西，可它们太多了，我来不及一个一个地打开瓶子取出它们，谁愿意帮帮我把瓶子盖拧开取出里面的东西？"

2. 幼儿帮助老师取瓶子里面的东西。

3. 东西取出后，教师提醒幼儿将瓶盖拧好。

4. 幼儿熟练以后，换左（右）手拧瓶盖。